Asiatische Fusion-Küche

Köstliche Gerichte aus dem Herzen Asiens

Mei Ling

Inhalt

Knuspriges Rindfleisch mit Currysauce 9
Geschmortes Rindfleisch-Curry 10
Gebratenes Rindfleisch mit Curry 12
Rindfleisch mit Knoblauch 14
Rindfleisch mit Ingwer 15
Rotes Rindfleisch mit Ingwer 16
Rindfleisch mit grünen Bohnen 17
Heißes Rindfleisch 19
Warme Rinderkoteletts 21
Rindfleisch mit Kaiserschoten 23
Marinierter Rinderschmorbraten 25
Gebratenes Rindfleisch und Pilze 26
Mariniertes Roastbeef 27
Geschmortes Rindfleisch mit Pilzen 28
Gebratenes Rindfleisch mit Nudeln 30
Rindfleisch mit Reisnudeln 31
Rindfleisch mit Zwiebel 33
Rindfleisch mit Erbsen 34
Roastbeef gehackte Zwiebel 35
Rindfleisch mit getrockneter Orangenschale 36
Rindfleisch mit Austernsauce 37
Rindfleisch mit Pfeffer 38
Pfeffersteak 39
Rindfleisch mit Paprika 41
Gebratene Rinderkoteletts mit grünem Paprika 43
Rindfleisch mit chinesischen Gurken 44
Steak mit Kartoffeln 45
Rot gekochtes Rindfleisch 46
Herzhaftes Rindfleisch 47
Geschreddertes Rindfleisch 48
Geschreddertes Rindfleisch nach Familienart 49
Geschreddertes, gewürztes Rindfleisch 50

Mariniertes Rindfleisch mit Spinat 51
Black Bean Beef mit Frühlingszwiebeln 54
Gebratenes Rindfleisch mit Frühlingszwiebeln 56
Rindfleisch und Frühlingszwiebeln mit Fischsauce 57
Gedämpftes Rindfleisch 58
Rindergulasch 59
Geschmortes Bruststück 60
Rindfleisch aus der Pfanne 62
Steakstreifen 63
Gedünstetes Rindfleisch mit Süßkartoffeln 64
Roastbeef 66
Rindfleisch-Toast 67
Geschreddertes Rindfleisch Tofu Chili 68
Rindfleisch mit Tomaten 69
Roter Tafelspitz mit Rüben 70
Rindfleisch mit Gemüse 71
Geschmortes Rindfleisch 73
Gefülltes Steak 74
Rinderknödel 76
Knusprige Fleischbällchen 78
Hackfleisch mit Cashewnüssen 80
Rindfleisch in roter Soße 81
Rindfleischbällchen mit klebrigem Reis 82
Fleischbällchen mit süß-saurer Soße 83
Gedämpfter Fleischpudding 85
Gedünstetes Hackfleisch 87
Gebratenes Hackfleisch mit Austernsauce 88
Rinderbrötchen 89
Rindfleisch und Spinatbällchen 90
Gebratenes Rindfleisch mit Tofu 91
Lamm mit Spargel 93
Gegrilltes Lamm 94
Lamm mit grünen Bohnen 95
Geschmortes Lamm 96
Lamm mit Brokkoli 97
Lamm mit Wasserkastanien 98

Lamm mit Kohl	100
Lamm-Chow mein	101
Lamm Curry	102
Duftendes Lamm	103
Gegrillte Lammwürfel	104
Lamm mit Kaiserschoten	105
Mariniertes Lamm	106
Lamm mit Pilzen	107
Lamm mit Austernsauce	108
Gekochtes rotes Lamm	109
Lamm mit Frühlingszwiebeln	110
Zarte Lammsteaks	111
Lammeintopf	112
Lammbraten	114
Geschmortes würziges Schweinefleisch	115
Gedämpfte Schweinefleischbrötchen	116
Schweinefleisch mit Kohl	118
Schweinefleisch mit Kohl und Tomaten	121
Mariniertes Schweinefleisch mit Kohl	122
Schweinefleisch mit Sellerie	124
Schweinefleisch mit Kastanien und Pilzen	125
Schweinefleisch Suey	126
Schweinefleisch	128
Schweinebraten Mein	130
Schweinefleisch-Chutney	131
Schweinefleisch mit Gurke	133
Knusprige Schweinebrötchen	134
Schweinefleisch Eierbrötchen	136
Eierbrötchen mit Schweinefleisch und Garnelen	137
Geschmortes Schweinefleisch mit Ei	139
Feuer Schweinefleisch	140
Gebratene Schweinefilets	141
Schweinefleisch fünf Gewürze	142
Geschmortes duftendes Schweinefleisch	143
Schweinefleisch mit gehacktem Knoblauch	145
Gebratenes Schweinefleisch mit Ingwer	146

Schweinefleisch mit grünen Bohnen 147
Schweinefleisch mit Schinken und Tofu 148
Gebratene Schweinefleischspieße 150
Schweinshaxe in roter Soße geschmort 151
Mariniertes Schweinefleisch 153
Marinierte Schweinekoteletts 154
Schweinefleisch mit Pilzen 155
Gedämpfte Fleischpastete 156
Rotes Schweinefleisch mit Pilzen gekocht 157
Schweinefleisch mit Nudelpfannkuchen 158
Schweinefleisch und Garnelen mit Pfannkuchen mit Nudeln 159
Schweinefleisch mit Austernsauce 161
Schweinefleisch mit Erdnüssen 162
Schweinefleisch mit Paprika 164
Würziges Schweinefleisch mit Gurken 165
Schweinefleisch mit Pflaumensauce 167
Schweinefleisch mit Garnelen 168
Rot gekochtes Schweinefleisch 169
Schweinefleisch in roter Soße 170
Schweinefleisch mit Reisnudeln 172
Reichhaltige Schweinebällchen 174
Gebratene Schweinekoteletts 175
Gewürztes Schweinefleisch 176
Glatte Schweinescheiben 178
Schweinefleisch mit Spinat und Karotten 179
Gedämpftes Schweinefleisch 180
Gebratenes Schweinefleisch 181
Schweinefleisch mit Süßkartoffeln 182
Schweinefleisch süß-sauer 183
Herzhaftes Schweinefleisch 185
Schweinefleisch mit Tofu 186
Weich gebratenes Schweinefleisch 187
Doppelt gekochtes Schweinefleisch 188
Schweinefleisch mit Gemüse 189
Schweinefleisch mit Nüssen 191
Schweinefleisch Bonbons 192

Schweinefleisch mit Wasserkastanien 193
Wan Tans mit Schweinefleisch und Garnelen 194
Gedämpfte Fleischbällchen 195
Rippchen mit schwarzer Bohnensauce 197
Gegrillte Rippchen 199
Gegrillte Ahornrippen 200
Gebratene Rippchen 201
Rippchen mit Lauch 202
Rippen mit Pilzen 204
Rippchen mit Orange 205
Ananasrippen 207
Knusprige Spareribs mit Garnelen 209
Rippchen mit Reiswein 210
Rippchen mit Sesam 211
Rippchen süß-sauer 213
Gebratene Rippchen 215
Rippchen mit Tomaten 216
Schweinebraten gegrillt 217
Kaltes Schweinefleisch mit Senf 218
Chinesischer Schweinebraten 219
Schweinefleisch mit Spinat 220
Gebratene Schweinefleischbällchen 221

Knuspriges Rindfleisch mit Currysauce

für 4

1 Ei, geschlagen

15 ml/1 Esslöffel Maismehl

5 ml/1 Teelöffel Natron (Backpulver)

15 ml/1 EL Reiswein oder trockener Sherry

15 ml/1 Esslöffel Sojasauce

225 g mageres Rindfleisch, in Scheiben geschnitten

90 ml/6 Esslöffel Öl

100 g Currypaste

Ei, Maismehl, Natron, Wein oder Sherry und Sojasauce verquirlen. Rindfleisch und 15 ml/1 EL Öl hinzugeben. Das restliche Öl erhitzen und die Rindfleisch-Ei-Mischung 2 Minuten braten. Das Rindfleisch herausnehmen und das Öl abtropfen lassen. Die Currypaste in die Pfanne geben und zum Kochen bringen, dann das Rindfleisch wieder in die Pfanne geben, gut mischen und servieren.

Geschmortes Rindfleisch-Curry

für 4

45 ml/3 EL Erdnussöl (Erdnussöl)

5 ml/1 Teelöffel Salz

1 Knoblauchzehe, zerdrückt

450 g Schweinenacken, gewürfelt

4 Frühlingszwiebeln, in Scheiben geschnitten

1 Scheibe Ingwerwurzel, gehackt

30 ml/2 EL Currypulver

15 ml/1 EL Reiswein oder trockener Sherry

15 ml/1 Esslöffel Zucker

400 ml/14 fl oz/1 œ Tasse Rinderbrühe

15 ml/1 Esslöffel Maismehl

45 ml/3 Esslöffel Wasser

Öl erhitzen, Salz und Knoblauch anbraten, bis sie leicht gebräunt sind. Das Steak und das Öl dazugeben, dann die Schalotten und den Ingwer hinzugeben und braten, bis das Fleisch von allen Seiten gebräunt ist. Curry hinzufügen und 1 Minute braten. Fügen Sie Wein oder Sherry mit Zucker hinzu, fügen Sie dann Brühe hinzu, bringen Sie sie zum Kochen, decken Sie sie ab und lassen Sie sie etwa 35 Minuten lang köcheln, bis das Rindfleisch weich ist. Maisstärke und Wasser zu einer Paste pürieren, mit der Sauce vermischen und köcheln lassen, bis die Sauce eindickt.

Gebratenes Rindfleisch mit Curry

für 4

225 g mageres Rindfleisch
30 ml/2 EL Erdnussöl (Erdnussöl)
1 große Zwiebel, in Scheiben geschnitten
30 ml/2 EL Currypulver
1 Scheibe Ingwerwurzel, gehackt
15 ml/1 EL Reiswein oder trockener Sherry
120 ml/4 fl oz/¬Ω Tasse Rinderbrühe
5 ml/1 Teelöffel Zucker
15 ml/1 Esslöffel Maismehl
45 ml/3 Esslöffel Wasser

Das Rindfleisch in dünne Scheiben schneiden. Das Öl erhitzen und die Zwiebel glasig dünsten. Curry und Ingwer dazugeben und einige Sekunden braten. Fügen Sie das Rindfleisch hinzu und braten Sie es, bis es gebräunt ist. Wein oder Sherry und Brühe zugeben, aufkochen, abdecken und ca. 5 Minuten köcheln lassen, bis das Rindfleisch gar ist. Zucker mischen

Maisstärke und Wasser in die Pfanne geben und unter Rühren kochen, bis die Sauce eindickt.

Rindfleisch mit Knoblauch

für 4

350 g mageres Rindfleisch, in Scheiben geschnitten
4 Knoblauchzehen, in Scheiben geschnitten
1 rote Chili, in Scheiben geschnitten
45 ml/3 Esslöffel Sojasauce
45 ml/3 EL Erdnussöl (Erdnussöl)
5 ml/1 Teelöffel Maismehl
15 ml/1 Esslöffel Wasser

Das Rindfleisch mit dem Knoblauch, der Chilischote und 30 ml/2 EL Sojasauce mischen und unter gelegentlichem Rühren 30 Minuten beiseite stellen. Das Öl erhitzen und die Rindfleischmischung einige Minuten braten, bis sie fast gar ist. Die restlichen Zutaten zu einer Paste verrühren, in die Pfanne geben und weiter garen, bis das Rindfleisch gar ist.

Rindfleisch mit Ingwer

für 4

15 ml/1 EL Erdnussöl (Erdnussöl)
450 g mageres Rindfleisch, in Scheiben geschnitten
1 Zwiebel in dünne Scheiben geschnitten
2 Knoblauchzehen, zerdrückt
2 Stück kandierter Ingwer, in dünne Scheiben geschnitten
15 ml/1 Esslöffel Sojasauce
150 ml/¬° Punkte/volles ¬Ω Glas Wasser
2 Stangen Sellerie, schräg geschnitten
5 ml/1 Teelöffel Salz

Das Öl erhitzen und das Rindfleisch, die Zwiebel und den Knoblauch anbraten, bis sie leicht gebräunt sind. Ingwer, Sojasauce und Wasser zugeben, aufkochen, abdecken und 25 Minuten köcheln lassen. Sellerie zugeben, abdecken und weitere 5 Minuten garen. Vor dem Servieren mit Salz bestreuen.

Rotes Rindfleisch mit Ingwer

für 4

450 g mageres Rindfleisch
2 Scheiben Ingwerwurzel, gehackt
4 Frühlingszwiebeln (Schalotten) gehackt
120 ml Sojasauce
60 ml/4 EL Reiswein oder trockener Sherry
400 ml/14 fl oz/1 œ Tasse Wasser
15 ml/1 Esslöffel brauner Zucker

Alle Zutaten in einen schweren Topf geben, zum Kochen bringen, abdecken und etwa 1 Stunde köcheln lassen, gelegentlich wenden, bis das Rindfleisch weich ist.

Rindfleisch mit grünen Bohnen

für 4

225 g Rumpsteak, dünn geschnitten

30 ml/2 EL Maismehl (Maismehl)

15 ml/1 EL Reiswein oder trockener Sherry

15 ml/1 Esslöffel Sojasauce

30 ml/2 EL Erdnussöl (Erdnussöl)

2,5 ml/¬Ω Teelöffel Salz

2 Knoblauchzehen, zerdrückt

225 Gramm grüne Bohnen

225 g Bambussprossen in Scheiben geschnitten

50 g geschnittene Champignons

50 g Wasserkastanien, in Scheiben geschnitten

150 ml/¬° Punkte/schwere ¬Ω Tasse Hühnerbrühe

Legen Sie das Steak in eine Schüssel. 15 ml/1 EL Maismehl, Wein oder Sherry und Sojasauce mischen, mit dem Fleisch mischen und 30 Minuten marinieren. Öl mit Salz und Knoblauch erhitzen und braten, bis der Knoblauch leicht gebräunt ist. Fleisch und Marinade zugeben und 4 Minuten braten. Die Bohnen zugeben und 2 Minuten braten. Die restlichen Zutaten hinzufügen, zum Kochen bringen und 4 Minuten kochen lassen. Andere Maisstärke mit . Mischen etwas Wasser und in die Soße geben. Unter Rühren köcheln lassen, bis die Sauce klar und dickflüssig wird.

Heißes Rindfleisch

für 4

450 g mageres Rindfleisch

6 Frühlingszwiebel(n), in Scheiben geschnitten

4 Scheiben Ingwerwurzel

15 ml/1 EL Reiswein oder trockener Sherry

15 ml/1 Esslöffel Sojasauce

4 getrocknete rote Chilischoten, gehackt

10 Pfefferkörner

1 Nelke Sternanis

300 ml/¬Ω pt/1-° Glas Wasser

2,5 ml/¬Ω Teelöffel Chiliöl

Das Rindfleisch mit 2 Frühlingszwiebeln, 1 Scheibe Ingwer und der Hälfte des Weins in eine Schüssel geben und 30 Minuten marinieren lassen. In einem großen Topf Wasser zum Kochen bringen, Rindfleisch hinzufügen und kochen, bis es geschlossen ist

Von allen Seiten herausnehmen und abtropfen lassen. Restliche Frühlingszwiebeln, Ingwer und Wein oder Sherry mit Chili, Paprika und Sternanis in den Topf geben und das

Wasser hinzugeben. Zum Kochen bringen, das Rindfleisch hinzugeben, abdecken und etwa 40 Minuten köcheln lassen, bis das Rindfleisch weich ist. Das Rindfleisch aus der Flüssigkeit nehmen und gut abtropfen lassen. In dünne Scheiben schneiden und auf einer vorgewärmten Servierplatte anrichten. Mit Chiliöl bestreut servieren.

Warme Rinderkoteletts

für 4

150 ml/¬° Punkte/schwere ¬Ω Tasse Erdnussöl

450 g mageres Rindfleisch, in Körner geschnitten

45 ml/3 Esslöffel Sojasauce

15 ml/1 EL Reiswein oder trockener Sherry

1 Scheibe Ingwerwurzel, gehackt

1 getrocknete rote Chili, gehackt

2 Karotten, gehackt

2 Stangen Sellerie, schräg geschnitten

10 ml/2 Teelöffel Salz

225 g Langkornreis

Zwei Drittel des Öls erhitzen und Rindfleisch, Sojasauce und Wein oder Sherry 10 Minuten anbraten. Entfernen Sie das Rindfleisch und bewahren Sie die Sauce auf. Restliches Öl erhitzen und Ingwer, Paprika und Karotten 1 Minute anbraten. Sellerie dazugeben und 1 Minute braten. Fleisch und Salz dazugeben und 1 Minute braten.

In der Zwischenzeit den Reis in kochendem Wasser etwa 20 Minuten weich kochen. Gut abtropfen lassen und auf einem

Teller anrichten. Über die Rindfleischmischung und scharfe Soße gießen.

Rindfleisch mit Kaiserschoten

für 4

225 g mageres Rindfleisch

30 ml/2 EL Maismehl (Maismehl)

5 ml/1 Teelöffel Zucker

5 ml/1 Teelöffel Sojasauce

10 ml/2 TL Reiswein oder trockener Sherry

30 ml/2 EL Erdnussöl (Erdnussöl)

2,5 ml/¬Ω Teelöffel Salz

2 Scheiben Ingwerwurzel, gehackt

225 g Zuckerschoten (Schneebohnen)

60 ml/4 Esslöffel Rinderbrühe

10 ml/2 Teelöffel Wasser

frisch gemahlener Pfeffer

Das Rindfleisch in dünne Scheiben schneiden. Die Hälfte der Maisstärke, Zucker, Sojasauce und Wein oder Sherry mischen, zum Rindfleisch geben und gut mischen. Die Hälfte des Öls erhitzen und das Salz und den Ingwer einige Sekunden anschwitzen. Kaiserschoten zugeben und mit Öl bestreichen. Die Brühe hinzufügen, zum Kochen bringen und gut mischen, dann die Kaiserschoten und die Flüssigkeit aus der Pfanne nehmen. Das restliche Öl erhitzen und das Rindfleisch anbraten, bis es leicht gebräunt ist. Legen Sie die Schneeerbsen zurück in die Pfanne. Mischen Sie diese

Restliche Speisestärke mit Wasser anrühren, in der Pfanne mischen und mit Pfeffer würzen. Unter Rühren köcheln lassen, bis die Sauce eindickt.

Marinierter Rinderschmorbraten

für 4

450 g Schweinenackensteak
75 ml/5 Esslöffel Sojasauce
60 ml/4 EL Reiswein oder trockener Sherry
5 ml/1 Teelöffel Salz
15 ml/1 Esslöffel Maismehl
45 ml/3 EL Erdnussöl (Erdnussöl)
15 ml/1 Esslöffel brauner Zucker
15 ml/1 Esslöffel Weinessig

Das Steak an mehreren Stellen einstechen und in eine Schüssel geben. Sojasauce, Wein oder Sherry und Salz mischen, über das Fleisch gießen und unter gelegentlichem Wenden 3 Stunden ziehen lassen. Das Rindfleisch abtropfen lassen und die Marinade verwerfen. Das Rindfleisch trocken tupfen und mit Maisstärke bestreuen. Das Öl erhitzen und das Rindfleisch anbraten, bis es von allen Seiten gebräunt ist. Fügen Sie Zucker und Essig und genug Wasser hinzu, um das Rindfleisch zu bedecken. Zum Kochen bringen, abdecken und etwa 1 Stunde köcheln lassen, bis das Fleisch zart ist.

Gebratenes Rindfleisch und Pilze

für 4

225 g mageres Rindfleisch
15 ml/1 Esslöffel Maismehl
15 ml/1 EL Reiswein oder trockener Sherry
15 ml/1 Esslöffel Sojasauce
2,5 ml/¬Ω Teelöffel Zucker
45 ml/3 EL Erdnussöl (Erdnussöl)
1 Scheibe Ingwerwurzel, gehackt
2,5 ml/¬Ω Teelöffel Salz
225 g geschnittene Champignons
120 ml/4 fl oz/¬Ω Tasse Rinderbrühe

Das Rindfleisch in dünne Scheiben schneiden. Maisstärke, Wein oder Sherry, Sojasauce und Zucker mischen, mit Rindfleisch mischen und gut mischen. Das Öl erhitzen und den Ingwer 1 Minute anbraten. Fügen Sie das Rindfleisch hinzu und braten Sie es, bis es gebräunt ist. Salz und Pilze dazugeben und gut vermischen. Die Brühe hinzufügen, zum Kochen bringen und unter Rühren köcheln lassen, bis die Sauce eindickt.

Mariniertes Roastbeef

für 4

450 g mageres Rindfleisch, in Scheiben geschnitten
2 Knoblauchzehen, zerdrückt
60 ml/4 Esslöffel Sojasauce
15 ml/1 Esslöffel brauner Zucker
5 ml/1 Teelöffel Salz
30 ml/2 EL Erdnussöl (Erdnussöl)

Das Rindfleisch in eine Schüssel geben und Knoblauch, Sojasauce, Zucker und Salz hinzufügen. Gut mischen, abdecken und ca. 2 Stunden marinieren lassen, dabei gelegentlich wenden. Abgießen, Marinade wegwerfen. Öl erhitzen und das Rindfleisch von allen Seiten anbraten, dann sofort servieren.

Geschmortes Rindfleisch mit Pilzen

für 4

1 kg Rindfleischfüllung

Salz und frisch gemahlener Pfeffer

60 ml/4 Esslöffel Sojasauce

30 ml/2 Esslöffel Hoisin-Sauce

30 ml/2 Esslöffel Honig

30 ml/2 Esslöffel Weinessig

5 ml/1 Teelöffel frisch gemahlener Pfeffer

5 ml/1 Teelöffel gemahlener Anis

5 ml/1 Teelöffel gemahlener Koriander

6 getrocknete chinesische Pilze

60 ml/4 EL Erdnussöl (Erdnussöl)

5 ml/2 Teelöffel Maismehl

15 ml/1 Esslöffel Wasser

400 g Tomaten aus der Dose

6 Frühlingszwiebel(n), in Streifen geschnitten

2 Karotten, gerieben

30 ml/2 Esslöffel Pflaumensauce

60 ml/4 EL gehackter Schnittlauch

Das Rindfleisch mehrmals mit einer Gabel einstechen. Mit Salz und Pfeffer würzen und in eine Schüssel geben. Soßen, Honig, Essig, Pfeffer und Gewürze mischen, über das Fleisch gießen, zugedeckt über Nacht im Kühlschrank marinieren lassen.

Die Pilze 30 Minuten in warmem Wasser einweichen, dann abgießen. Entsorgen Sie die Stiele und schneiden Sie die Kappen ab. Das Öl erhitzen und das Fleisch anbraten, bis es gut gebräunt ist, dabei häufig wenden. Maisstärke mit Wasser verrühren und zu den Tomaten in die Pfanne geben. Zum Kochen bringen, abdecken und bei schwacher Hitze kochen, bis sie weich sind, etwa 1 Ω Stunden. Frühlingszwiebeln und Karotten zugeben und weitere 10 Minuten garen, bis die Karotten weich sind. Die Pflaumensauce hinzugeben und 2 Minuten kochen. Das Fleisch aus der Sauce nehmen und in dicke Scheiben schneiden. Zur Sauce zurückkehren, erhitzen und mit Schnittlauch bestreut servieren.

Gebratenes Rindfleisch mit Nudeln

für 4

100 g dünne Eiernudeln
30 ml/2 EL Erdnussöl (Erdnussöl)
225 g mageres Rindfleisch, gehackt
30 ml/2 Esslöffel Sojasauce
15 ml/1 EL Reiswein oder trockener Sherry
2,5 ml/¬Ω Teelöffel Salz
2,5 ml/¬Ω Teelöffel Zucker
120 ml/4 fl oz/¬Ω Glas Wasser

Die Nudeln weich einweichen, abtropfen lassen und in 7,5 cm große Stücke schneiden. Die Hälfte des Öls erhitzen und das Rindfleisch anbraten, bis es gebräunt ist. Sojasauce, Wein oder Sherry, Salz und Zucker hinzufügen und 2 Minuten kochen lassen, dann aus der Pfanne nehmen. Das restliche Öl erhitzen und die Nudeln braten, bis sie mit Öl überzogen sind. Die Rindfleischmischung zurück in die Pfanne geben, Wasser hinzufügen und zum Kochen bringen. Zum Kochen bringen und etwa 5 Minuten köcheln lassen, bis die Flüssigkeit aufgesogen ist.

Rindfleisch mit Reisnudeln

für 4

4 getrocknete chinesische Pilze
30 ml/2 EL Erdnussöl (Erdnussöl)
2,5 ml/¬Ω Teelöffel Salz
225 g mageres Rindfleisch, in Scheiben geschnitten
100 g Bambussprossen, in Scheiben geschnitten
100 g Sellerie, in Scheiben geschnitten
1 Zwiebel, in Scheiben geschnitten
120 ml/4 fl oz/¬Ω Tasse Rinderbrühe
2,5 ml/¬Ω Teelöffel Zucker
10 ml/2 Teelöffel Maismehl
5 ml/1 Teelöffel Sojasauce
15 ml/1 Esslöffel Wasser
100 g Reisnudeln
Frittieröl

Die Pilze 30 Minuten in warmem Wasser einweichen, dann abgießen. Entsorgen Sie die Stiele und schneiden Sie die Kappen ab. Die Hälfte des Öls erhitzen und das Salz und das Rindfleisch anbraten, bis es leicht gebräunt ist, dann aus der Pfanne nehmen. Das restliche Öl erhitzen und das Gemüse braten, bis es weich ist. Die Zuckerbouillon zugeben und aufkochen. Das Rindfleisch in die Pfanne geben, abdecken und 3 Minuten köcheln lassen. Maisstärke, Sojasauce und Wasser mischen, in der Pfanne mischen und unter Rühren kochen, bis die Mischung eindickt. In der Zwischenzeit die Reisnudeln in heißem Öl einige Sekunden schaumig und knusprig braten und über dem Rindfleisch servieren.

Rindfleisch mit Zwiebel

für 4

60 ml/4 EL Erdnussöl (Erdnussöl)
300 g mageres Rindfleisch, in Streifen geschnitten
100 g Zwiebel in Streifen geschnitten
15 ml/1 EL Hühnerbrühe
5 ml/1 Teelöffel Reiswein oder trockener Sherry
5 ml/1 Teelöffel Zucker
5 ml/1 Teelöffel Sojasauce
Salz-
Sesamöl

Das Öl erhitzen und das Rindfleisch und die Zwiebel bei starker Hitze anbraten, bis sie leicht gebräunt sind. Brühe, Wein oder Sherry, Zucker und Sojasauce hinzugeben und kurz aufkochen, bis alles gut vermischt ist. Vor dem Servieren mit Salz und Sesamöl abschmecken.

Rindfleisch mit Erbsen

für 4

30 ml/2 EL Erdnussöl (Erdnussöl)
450 g mageres Rindfleisch, gewürfelt
2 Zwiebeln, in Scheiben geschnitten
2 Stangen Sellerie, in Scheiben geschnitten
100 g frische oder gefrorene Erbsen, aufgetaut
250 ml / 1 Tasse Hühnerbrühe
15 ml/1 Esslöffel Sojasauce
15 ml/1 Esslöffel Maismehl

Das Öl erhitzen und das Rindfleisch anbraten, bis es leicht gebräunt ist. Zwiebel, Sellerie und Erbsen zugeben und 2 Minuten braten. Brühe und Sojasauce zugeben, aufkochen, abdecken und 10 Minuten köcheln lassen. Maisstärke mit etwas Wasser verrühren und mit der Soße verrühren. Unter Rühren köcheln lassen, bis die Sauce klar und dickflüssig wird.

Roastbeef gehackte Zwiebel

für 4

225 g mageres Rindfleisch
2 Frühlingszwiebeln (Schalotten), gehackt
30 ml/2 Esslöffel Sojasauce
30 ml/2 EL Reiswein oder trockener Sherry
30 ml/2 EL Erdnussöl (Erdnussöl)
1 Knoblauchzehe, zerdrückt
5 ml/1 Teelöffel Weinessig
ein paar Tropfen Sesamöl

Das Rindfleisch in dünne Scheiben schneiden. Frühlingszwiebeln, Sojasauce und Wein oder Sherry mischen, mit Rindfleisch mischen und 30 Minuten ziehen lassen. Abgießen, Marinade wegwerfen. Das Öl erhitzen und den Knoblauch anbraten, bis er leicht gebräunt ist. Fügen Sie das Rindfleisch hinzu und braten Sie es, bis es gebräunt ist. Essig und Sesamöl zugeben, abdecken und 2 Minuten garen.

Rindfleisch mit getrockneter Orangenschale

für 4

450 g mageres Rindfleisch, in dünne Scheiben geschnitten
5 ml/1 Teelöffel Salz
Frittieröl
30 ml/2 EL Erdnussöl (Erdnussöl)
100 g getrocknete Orangenschale
2 getrocknete Chilis, fein gehackt
5 ml/1 Teelöffel frisch gemahlener Pfeffer
45 ml/3 Esslöffel Rinderbrühe
2,5 ml/¬Ω Teelöffel Zucker
15 ml/1 EL Reiswein oder trockener Sherry
5 ml/1 Teelöffel Weinessig
2,5 ml/¬Ω Teelöffel Sesamöl

Das Fleisch mit Salz bestreuen und 30 Minuten beiseite stellen. Das Öl erhitzen und das Rindfleisch frittieren. Herausnehmen und gut abtropfen lassen. Das Öl erhitzen und 1 Minute mit der Orangenschale, Chili und Pfeffer mischen. Fleisch und Brühe hinzugeben und zum Kochen bringen. Zucker und Weinessig dazugeben und köcheln lassen, bis nur noch wenig Flüssigkeit übrig ist. Essig und Sesamöl zugeben und gut vermischen. Auf einem Bett aus Salatblättern servieren.

Rindfleisch mit Austernsauce

für 4

15 ml/1 EL Erdnussöl (Erdnussöl)
2 Knoblauchzehen, zerdrückt
450 g Steak, in Scheiben geschnitten
100 Gramm Pilze
15 ml/1 EL Reiswein oder trockener Sherry
150 ml/¬° Punkte/schwere ¬Ω Tasse Hühnerbrühe
30 ml/2 Esslöffel Austernsauce
5 ml/1 Teelöffel brauner Zucker
Salz und frisch gemahlener Pfeffer
4 Frühlingszwiebeln, in Scheiben geschnitten
15 ml/1 Esslöffel Maismehl

Das Öl erhitzen und den Knoblauch anbraten, bis er leicht gebräunt ist. Fügen Sie das Steak und die Pilze hinzu und braten Sie, bis sie leicht gebräunt sind. Den Wein oder Sherry hinzugeben und 2 Minuten kochen lassen. Bouillon, Austernsauce und Zucker zugeben, mit Salz und Pfeffer würzen. Zum Kochen bringen und 4 Minuten kochen lassen, gelegentlich umrühren. Frühlingszwiebel hinzufügen. Maisstärke mit etwas Wasser verrühren und in der Pfanne verrühren. Unter Rühren köcheln lassen, bis die Sauce klar und dickflüssig wird.

Rindfleisch mit Pfeffer

für 4

350 g mageres Rindfleisch, in Streifen geschnitten
75 ml/5 Esslöffel Sojasauce
75 ml/5 EL Erdnussöl (Erdnussöl)
5 ml/1 Teelöffel Maismehl
75 ml/5 Esslöffel Wasser
2 Zwiebeln, in Scheiben geschnitten
5 ml/1 Teelöffel Austernsauce
frisch gemahlener Pfeffer
Pasta Körbe

Das Rindfleisch mit Sojasauce, 15 ml/1 EL Öl, Maisstärke und Wasser 1 Stunde marinieren. Das Fleisch aus der Marinade nehmen und gut abtropfen lassen. Das restliche Öl erhitzen und das Rindfleisch und die Zwiebel anbraten, bis sie leicht gebräunt sind. Marinade und Austernsauce zugeben und großzügig mit Pfeffer würzen. Zum Kochen bringen, abdecken und 5 Minuten köcheln lassen, gelegentlich umrühren. Mit Nudelkörbchen servieren.

Pfeffersteak

für 4

45 ml/3 EL Erdnussöl (Erdnussöl)

5 ml/1 Teelöffel Salz

2 Knoblauchzehen, zerdrückt

450 g Rinderfiletsteak, dünn geschnitten

1 Zwiebel in Achtel geschnitten

2 grüne Paprika, grob gehackt

120 ml/4 fl oz/¬Ω Tasse Rinderbrühe

5 ml/1 Teelöffel brauner Zucker

5 ml/1 Teelöffel Reiswein oder trockener Sherry

Salz und frisch gemahlener Pfeffer

30 ml/2 EL Maismehl (Maismehl)

30 ml/2 Esslöffel Sojasauce

Das Öl mit Salz und Knoblauch erhitzen, bis der Knoblauch leicht gebräunt ist, dann das Steak hinzugeben und anbraten, bis es von allen Seiten gebräunt ist. Zwiebel und Paprika zugeben und 2 Minuten braten. Brühe, Zucker, Wein oder Sherry zugeben und mit Salz und Pfeffer abschmecken. Zum Kochen bringen, abdecken und 5 Minuten köcheln lassen. Maisstärke und Sojasauce mischen und mit der Sauce vermischen. Unter Rühren köcheln lassen, bis die Sauce klar und dickflüssig wird. Bei Bedarf etwas Wasser hinzugeben, um der Sauce die gewünschte Konsistenz zu geben.

Rindfleisch mit Paprika

für 4

350 g mageres Rindfleisch, in dünne Scheiben geschnitten
3 rote Chilischoten, entkernt und gehackt
3 Frühlingszwiebeln (Schalenzwiebeln), in Stücke geschnitten
2 Knoblauchzehen, zerdrückt
15 ml/1 Esslöffel schwarze Bohnensauce
1 Karotte, in Scheiben geschnitten
3 grüne Paprika, in Stücke geschnitten
Salz-
15 ml/1 EL Erdnussöl (Erdnussöl)
5 ml/1 Teelöffel Sojasauce
45 ml/3 Esslöffel Wasser
5 ml/1 Teelöffel Reiswein oder trockener Sherry
5 ml/1 Teelöffel Maismehl

Rindfleisch mit Chili, Frühlingszwiebeln, Knoblauch, schwarzer Bohnensauce und Karotten 1 Stunde marinieren. Paprika in kochendem Salzwasser 3 Minuten überbrühen und gut abtropfen lassen. Das Öl erhitzen und die

Rindfleischmischung 2 Minuten braten. Paprika zugeben und 3 Minuten braten. Sojasauce, Wasser und Wein oder Sherry hinzugeben. Das Maismehl mit etwas Wasser verrühren, in der Pfanne umrühren und köcheln lassen, bis die Sauce eindickt.

Gebratene Rinderkoteletts mit grünem Paprika

für 4

225 g mageres Rindfleisch, gehackt

1 Eiweiß

15 ml/1 Esslöffel Maismehl

2,5 ml/¬Ω Teelöffel Salz

5 ml/1 Teelöffel Reiswein oder trockener Sherry

2,5 ml/¬Ω Teelöffel Zucker

Frittieröl

30 ml/2 EL Erdnussöl (Erdnussöl)

2 rote Chilischoten, gewürfelt

2 Scheiben Ingwerwurzel, gehackt

15 ml/1 Esslöffel Sojasauce

2 große grüne Paprikaschoten, gewürfelt

Das Rindfleisch mit Eiweiß, Maisstärke, Salz, Wein oder Sherry und Zucker in eine Schüssel geben und 30 Minuten marinieren lassen. Das Öl erhitzen und das Rindfleisch anbraten, bis es leicht gebräunt ist. Aus der Pfanne nehmen und gut abtropfen lassen. Öl erhitzen und Chili und Ingwer einige Sekunden anbraten. Rindfleisch und Sojasauce hinzugeben und braten, bis es weich ist. Fügen Sie die grüne

Paprika hinzu, mischen Sie alles gut und braten Sie es 2 Minuten lang an. Sofort servieren.

Rindfleisch mit chinesischen Gurken

für 4

100 g gehackte chinesische Gurken
450 g mageres Steak, in Körner geschnitten
30 ml/2 Esslöffel Sojasauce
5 ml/1 Teelöffel Salz
2,5 ml/¬Ω Teelöffel frisch gemahlener Pfeffer
60 ml/4 EL Erdnussöl (Erdnussöl)
15 ml/1 Esslöffel Maismehl

Alle Zutaten gründlich vermischen und in eine hitzebeständige Schüssel geben. Stellen Sie die Schüssel auf den Rost im Dampfgarer, decken Sie sie ab und dämpfen Sie sie 40 Minuten lang, bis das Rindfleisch zart ist.

Steak mit Kartoffeln

für 4

450 g Steak

60 ml/4 EL Erdnussöl (Erdnussöl)

5 ml/1 Teelöffel Salz

2,5 ml/¬Ω Teelöffel frisch gemahlener Pfeffer

1 Zwiebel, gehackt

1 Knoblauchzehe, zerdrückt

225 g Kartoffeln, gewürfelt

175 ml/6 Unzen/œ Tasse Rinderbrühe

250 ml / 1 Tasse gehackte Sellerieblätter

30 ml/2 EL Maismehl (Maismehl)

15 ml/1 Esslöffel Sojasauce

60 ml/4 Esslöffel Wasser

Schneiden Sie das Steak in Streifen, dann in dünne Streifen gegen die Faser. Das Öl erhitzen und das Steak mit Salz, Pfeffer, Zwiebel und Knoblauch leicht anbraten. Kartoffeln und Brühe zugeben, aufkochen, zudecken und 10 Minuten köcheln lassen. Fügen Sie die Sellerieblätter hinzu und kochen Sie sie etwa 4 Minuten lang, bis sie weich sind. Maismehl,

Sojasauce und Wasser zu einer Paste verrühren, in die Pfanne geben und unter Rühren kochen, bis die Sauce klar und dickflüssig wird.

Rot gekochtes Rindfleisch

für 4

450 g mageres Rindfleisch
120 ml Sojasauce
60 ml/4 EL Reiswein oder trockener Sherry
15 ml/1 Esslöffel brauner Zucker
375 ml/13 fl oz/1-Ohm-Tasse Wasser

In einer Pfanne mit schwerem Boden Rindfleisch, Sojasauce, Wein oder Sherry und Zucker mischen und zum Kochen bringen. Abdecken und 10 Minuten garen, dabei ein- oder zweimal wenden. Mit Wasser mischen und aufkochen. Abdecken und etwa 1 Stunde garen, bis das Fleisch zart ist. Fügen Sie während des Garens etwas kochendes Wasser hinzu, wenn das Fleisch zu trocken wird. Heiß oder kalt servieren.

Herzhaftes Rindfleisch

für 4

30 ml/2 EL Erdnussöl (Erdnussöl)
450 g mageres Rindfleisch, gewürfelt
2 Frühlingszwiebeln (Schalotten), in Scheiben geschnitten
2 Knoblauchzehen, zerdrückt
1 Scheibe Ingwerwurzel, gehackt
2 Nelken Sternanis, zerdrückt
250ml / 8oz / 1 Tasse Sojasauce
30 ml/2 EL Reiswein oder trockener Sherry
30 ml/2 EL brauner Zucker
5 ml/1 Teelöffel Salz
600ml/1pt/2ohm Tassen Wasser

Das Öl erhitzen und das Rindfleisch anbraten, bis es leicht gebräunt ist. Überschüssiges Öl abgießen, Frühlingszwiebeln, Knoblauch, Ingwer und Sternanis dazugeben und 2 Minuten garen. Sojasauce, Wein oder Sherry, Zucker und Salz hinzugeben und gut vermischen. Wasser hinzufügen, zum Kochen bringen, abdecken und 1 Stunde kochen lassen. Den

Deckel abnehmen und köcheln lassen, bis die Sauce reduziert ist.

Geschreddertes Rindfleisch

für 4

750 g mageres Rindfleisch, gewürfelt
250ml/8oz/1 Tasse Rinderbrühe
120 ml Sojasauce
60 ml/4 EL Reiswein oder trockener Sherry
45 ml/3 EL Erdnussöl (Erdnussöl)

Fügen Sie in einer Pfanne mit schwerem Boden das Rindfleisch, die Brühe, die Sojasauce und den Wein oder Sherry hinzu. Zum Kochen bringen und unter Rühren kochen, bis die Flüssigkeit verdunstet ist. Abkühlen, dann in den Kühlschrank stellen. Das Rindfleisch mit zwei Gabeln in Scheiben schneiden. Das Öl erhitzen, dann das Rindfleisch hinzufügen und schnell braten, bis es mit Öl überzogen ist. Bei mittlerer Hitze weiter garen, bis das Rindfleisch vollständig trocken ist. Abkühlen lassen und mit Nudeln oder Reis servieren.

Geschreddertes Rindfleisch nach Familienart

für 4

225 g Rindfleisch, gehackt
15 ml/1 Esslöffel Sojasauce
15 ml/1 Esslöffel Austernsauce
45 ml/3 EL Erdnussöl (Erdnussöl)
1 Scheibe Ingwerwurzel, gehackt
1 rote Chilischote, gehackt
4 Stangensellerie, schräg geschnitten
15 ml/1 Esslöffel scharfe Bohnensauce
5 ml/1 Teelöffel Salz
15 ml/1 EL Reiswein oder trockener Sherry
5 ml/1 Teelöffel Sesamöl
5 ml/1 Teelöffel Weinessig
frisch gemahlener Pfeffer

Das Rindfleisch mit der Sojasauce und der Austernsauce in die Schüssel geben und 30 Minuten marinieren. Das Öl erhitzen und das Rindfleisch anbraten, bis es leicht gebräunt ist, dann aus der Pfanne nehmen. Ingwer und Chili zugeben und einige Sekunden anbraten. Sellerie zugeben und unter Rühren bis zur Hälfte kochen. Fügen Sie das Rindfleisch, die scharfe Bohnensauce und das Salz hinzu und mischen Sie alles gut. Wein oder Sherry, Sesamöl und Essig dazugeben und unter Rühren kochen, bis das Rindfleisch zart ist und sich die Zutaten gut vermischt haben. Mit Pfeffer bestreut servieren.

Geschreddertes, gewürztes Rindfleisch

für 4
90 ml/6 EL Erdnussöl (Erdnussöl)
450 g mageres Rindfleisch, in Streifen geschnitten
50 g Chilibohnenpaste
frisch gemahlener Pfeffer
15 ml/1 Esslöffel gehackte Ingwerwurzel
30 ml/2 EL Reiswein oder trockener Sherry
225 g Sellerie, in Stücke geschnitten
30 ml/2 Esslöffel Sojasauce
5 ml/1 Teelöffel Zucker
5 ml/1 Teelöffel Weinessig

Das Öl erhitzen und das Rindfleisch braun anbraten. Chilibohnenpaste und Pfeffer dazugeben und 3 Minuten braten. Ingwer, Wein oder Sherry und Sellerie zugeben und gut vermischen. Sojasauce, Zucker und Essig hinzugeben und 2 Minuten braten.

Mariniertes Rindfleisch mit Spinat

für 4

450 g mageres Rindfleisch, in dünne Scheiben geschnitten

45 ml/3 EL Reiswein oder trockener Sherry

15 ml/1 Esslöffel Sojasauce

5 ml/1 Teelöffel Zucker

2,5 ml/¬Ω Teelöffel Sesamöl

450 g Spinat

45 ml/3 EL Erdnussöl (Erdnussöl)

2 Scheiben Ingwerwurzel, gehackt

30 ml/2 Esslöffel Rinderbrühe

5 ml/1 Teelöffel Maismehl

Drücken Sie das Fleisch leicht flach, indem Sie es mit den Fingern andrücken. Mischen Sie Wein oder Sherry, Sojasauce, Sherry und Sesamöl. Das Fleisch zugeben, abdecken und 2 Stunden kühl stellen, dabei gelegentlich umrühren. Blattspinat in große Stücke schneiden und die Stängel in dicke Scheiben schneiden. 30 ml/2 EL Öl erhitzen und Spinatstiele und Ingwer 2 Minuten anbraten. Aus der Pfanne nehmen.

Restliches Öl erhitzen. Das Fleisch abtropfen lassen, die Marinade aufbewahren. Die Hälfte des Fleisches in die Pfanne geben und die Scheiben so verteilen, dass sie sich nicht überlappen. 3 Minuten braten, bis sie auf beiden Seiten leicht gebräunt sind. Aus der Pfanne nehmen und das restliche Fleisch anbraten, dann aus der Pfanne nehmen. Brühe und Maisstärke in die Marinade geben. Die Mischung in die Pfanne geben und zum Kochen bringen. Blattspinat, Stängel und Ingwer zugeben. 3 Minuten köcheln lassen, bis der Spinat zusammenfällt, dann das Fleisch unterrühren. 1 Minute kochen und dann sofort servieren.

Black Bean Beef mit Frühlingszwiebeln

für 4

225 g mageres Rindfleisch, in dünne Scheiben geschnitten

1 Ei, leicht geschlagen

5 ml/1 Teelöffel helle Sojasauce

2,5 ml/¬Ω Teelöffel Reiswein oder trockener Sherry

2,5 ml/¬Ω Teelöffel Maisstärke (Maismehl)

250 ml / 8 fl oz / 1 Tasse Erdnussöl (Erdnussöl)

2 Knoblauchzehen, zerdrückt

30 ml/2 EL schwarze Bohnensauce

15 ml/1 Esslöffel Wasser

6 Frühlingszwiebeln, schräg geschnitten

2 Scheiben Ingwerwurzel, gehackt

Das Rindfleisch mit Ei, Sojasauce, Wein oder Sherry und Maisstärke mischen. 10 Minuten einwirken lassen. Das Öl erhitzen und das Rindfleisch braten, bis es fast gar ist. Aus der Pfanne nehmen und gut abtropfen lassen. Alles bis auf 15 ml/1 EL Öl abgießen, erhitzen und dann die Knoblauch-Bohnen-Sauce 30 Sekunden lang anbraten. Fügen Sie Rindfleisch und Wasser hinzu und kochen Sie, bis das Rindfleisch zart ist, etwa 4 Minuten.

In der Zwischenzeit weitere 15 ml/1 EL Öl erhitzen und Frühlingszwiebel und Ingwer kurz anbraten. Das Rindfleisch auf die vorgewärmte Platte legen, mit Frühlingszwiebeln bestreuen und servieren.

Gebratenes Rindfleisch mit Frühlingszwiebeln

für 4

45 ml/3 EL Erdnussöl (Erdnussöl)
225 g mageres Rindfleisch, in dünne Scheiben geschnitten
8 Frühlingszwiebel(n), in Scheiben geschnitten
75 ml/5 Esslöffel Sojasauce
15 ml/1 EL Reiswein oder trockener Sherry
30 ml/2 EL Sesamöl

Das Öl erhitzen und das Rindfleisch und die Zwiebel anbraten, bis sie leicht gebräunt sind. Fügen Sie die Sojasauce und Wein oder Sherry hinzu und kochen Sie unter Rühren, bis das Fleisch nach Geschmack gekocht ist. Vor dem Servieren mit Sesamöl mischen.

Rindfleisch und Frühlingszwiebeln mit Fischsauce

für 4

350 g mageres Rindfleisch, in dünne Scheiben geschnitten
15 ml/1 Esslöffel Maismehl
15 ml/1 Esslöffel Wasser
2,5 ml/¬Ω Teelöffel Reiswein oder trockener Sherry
Prise Natron (Backpulver)
Prise Salz
45 ml/3 EL Erdnussöl (Erdnussöl)
6 Frühlingszwiebel(n), in 5 cm/2 Stücke geschnitten
2 Knoblauchzehen, zerdrückt
2 Scheiben Ingwer, gehackt
5 ml/1 Teelöffel Fischsauce
2,5 ml/¬Ω Teelöffel Austernsauce

Rindfleisch mit Maisstärke, Wasser, Wein oder Sherry, Natron und Salz 1 Stunde marinieren. 30 ml/2 EL Öl erhitzen und das Rindfleisch mit der Hälfte der Frühlingszwiebeln, der Hälfte des Knoblauchs und dem Ingwer anbraten, bis es gut gebräunt ist. In der Zwischenzeit das restliche Öl erhitzen und die restliche Zwiebel, den Knoblauch und den Ingwer mit der

Fisch-Austern-Sauce weich dünsten. Vor dem Servieren umrühren und erhitzen.

Gedämpftes Rindfleisch

für 4

450 g mageres Rindfleisch, in Scheiben geschnitten
5 ml/1 Teelöffel Maismehl
2 Scheiben Ingwerwurzel, gehackt
15 ml/1 Esslöffel Sojasauce
15 ml/1 EL Reiswein oder trockener Sherry
2,5 ml/¬Ω Teelöffel Salz
2,5 ml/¬Ω Teelöffel Zucker
15 ml/1 EL Erdnussöl (Erdnussöl)
2 Frühlingszwiebeln (Schalotten), gehackt
15 ml/1 Esslöffel gehackte Petersilie

Das Rindfleisch in eine Schüssel geben. Maisstärke, Ingwer, Sojasauce, Wein oder Sherry, Salz und Zucker mischen und mit dem Rindfleisch mischen. 30 Minuten beiseite stellen, gelegentlich umrühren. Die Rindfleischscheiben in einer flachen ofenfesten Schüssel anrichten und mit Olivenöl und Schnittlauch bestreuen. Auf einem Rost über kochendem

Wasser ca. 40 Minuten dämpfen, bis das Rindfleisch gar ist. Mit Petersilie bestreut servieren.

Rindergulasch

für 4

15 ml/1 EL Erdnussöl (Erdnussöl)
1 Knoblauchzehe, zerdrückt
1 Scheibe Ingwerwurzel, gehackt
450 g Gulasch, gewürfelt
45 ml/3 Esslöffel Sojasauce
30 ml/2 EL Reiswein oder trockener Sherry
15 ml/1 Esslöffel brauner Zucker
300 ml/Ω pt/1 Tasse Hühnerbrühe
2 Zwiebeln, in Achtel geschnitten
2 Karotten, grob gehackt
100 g Kohl, gehackt

Öl mit Knoblauch und Ingwer erhitzen und braten, bis der Knoblauch leicht gebräunt ist. Fügen Sie das Steak hinzu und kochen Sie es 5 Minuten lang, bis es gebräunt ist. Sojasauce, Wein oder Sherry und Zucker zugeben, abdecken und 10 Minuten köcheln lassen. Brühe zugeben, aufkochen, abdecken und etwa 30 Minuten köcheln lassen. Zwiebeln, Karotten und Kohl zugeben, abdecken und weitere 15 Minuten garen.

Geschmortes Bruststück

für 4

450 g Rinderbrust

45 ml/3 EL Erdnussöl (Erdnussöl)

3 Frühlingszwiebeln (Schalotten), in Scheiben geschnitten

2 Scheiben Ingwerwurzel, gehackt

1 Knoblauchzehe, zerdrückt

120 ml Sojasauce

5 ml/1 Teelöffel Zucker

45 ml/3 EL Reiswein oder trockener Sherry

3 Nelken Sternanis

4 Karotten, gewürfelt

225 g Chinakohl

15 ml/1 Esslöffel Maismehl

45 ml/3 Esslöffel Wasser

Legen Sie das Rindfleisch in die Pfanne und gießen Sie einfach Wasser. Zum Kochen bringen, zudecken und bei schwacher Hitze kochen, bis das Fleisch zart ist, etwa 1 Ω

Stunde. Aus der Pfanne nehmen und gut abtropfen lassen. In 2,5 cm große Würfel schneiden und 250 ml Brühe aufbewahren.

Öl erhitzen und Schnittlauch, Ingwer und Knoblauch einige Sekunden anbraten. Sojasauce, Zucker, Wein oder Sherry und Sternanis zugeben und gut vermischen. Fügen Sie Rindfleisch und reservierte Brühe hinzu. Zum Kochen bringen, abdecken und 20 Minuten köcheln lassen. In der Zwischenzeit Chinakohl in kochendem Wasser bissfest garen. Legen Sie Fleisch und Gemüse auf die vorgewärmte Servierplatte. Maismehl und Wasser zu einer Paste verrühren, in die Soße rühren und bei schwacher Hitze kochen, bis die Soße klar wird und eindickt. Über das Rindfleisch gießen und mit Chinakohl servieren.

Rindfleisch aus der Pfanne

für 4

225 g mageres Rindfleisch
45 ml/3 EL Erdnussöl (Erdnussöl)
1 Scheibe Ingwerwurzel, gehackt
2 Knoblauchzehen, zerdrückt
2 Frühlingszwiebeln (Schalotten), gehackt
50 g geschnittene Champignons
1 rote Paprika, in Scheiben geschnitten
225 g Blumenkohlröschen
50 g Zuckerschoten (Schneebohnen)
30 ml/2 Esslöffel Sojasauce
15 ml/1 Esslöffel Maismehl
15 ml/1 EL Reiswein oder trockener Sherry
120 ml/4 fl oz/¬Ω Tasse Rinderbrühe

Das Rindfleisch in dünne Scheiben schneiden. Die Hälfte des Öls erhitzen und Ingwer, Knoblauch und Frühlingszwiebeln leicht anbräunen. Fügen Sie das Rindfleisch hinzu und kochen Sie es, bis es gebräunt ist, und nehmen Sie es dann aus der Pfanne. Das restliche Öl erhitzen und das Gemüse braten, bis es mit Öl überzogen ist. Brühe zugeben, zum Kochen bringen, abdecken und köcheln lassen, bis das Gemüse weich, aber noch knackig ist. Sojasauce, Maisstärke und Wein oder Sherry mischen und in der Pfanne mischen. Unter Rühren köcheln lassen, bis die Sauce eindickt.

Steakstreifen

für 4

450 g Steak

120 ml Sojasauce

120 ml Hühnerbrühe

1 cm/¬Ω geschnittene Ingwerwurzel

2 Knoblauchzehen, zerdrückt

30 ml/2 EL Reiswein oder trockener Sherry

15 ml/1 Esslöffel brauner Zucker

15 ml/1 EL Erdnussöl (Erdnussöl)

Legen Sie das Steak in den Gefrierschrank und schneiden Sie es dann in lange, dünne Scheiben. Alle anderen Zutaten mischen und das Steak in der Mischung ca. 6 Stunden marinieren. Das Steak auf die eingeweichten Holzspieße legen und einige Minuten grillen, bis es gar ist, dabei gelegentlich mit der Marinade bestreichen.

Gedünstetes Rindfleisch mit Süßkartoffeln

für 4

450 g mageres Rindfleisch, in dünne Scheiben geschnitten
15 ml/1 Esslöffel schwarze Bohnensauce
15 ml/1 Esslöffel süße Bohnensauce
15 ml/1 Esslöffel Sojasauce
5 ml/1 Teelöffel Zucker
2 Scheiben Ingwerwurzel, gehackt
2 Süßkartoffeln, gewürfelt
30 ml/2 EL Erdnussöl (Erdnussöl)
100 Gramm Semmelbrösel
15 ml/1 Esslöffel Sesamöl
3 Frühlingszwiebeln (Schalotten), fein gehackt

Das Rindfleisch mit Bohnensauce, Sojasauce, Zucker und Ingwer in eine Schüssel geben und 30 Minuten marinieren. Das Rindfleisch aus der Marinade nehmen und die Süßkartoffeln hinzugeben. 20 Minuten einwirken lassen. Ordnen Sie die Kartoffeln auf dem Boden eines kleinen

Bambusdämpfers an. Das Rindfleisch mit Paniermehl bestreichen und auf die Kartoffeln legen. Abdecken und 40 Minuten dämpfen.

Das Sesamöl erhitzen und die Frühlingszwiebel einige Sekunden anbraten. Mit einem Löffel Rindfleisch garnieren und servieren.

Roastbeef

für 4

450 g mageres Rindfleisch

45 ml/3 EL Reiswein oder trockener Sherry

15 ml/1 Esslöffel Sojasauce

10 ml/2 Teelöffel Austernsauce

5 ml/1 Teelöffel Zucker

5 ml/1 Teelöffel Maismehl

2,5 ml/¬Ω Teelöffel Natron (Backpulver)

Prise Salz

1 Knoblauchzehe, zerdrückt

30 ml/2 EL Erdnussöl (Erdnussöl)

2 Zwiebeln, in dünne Scheiben schneiden

Das Fleisch quer zur Faser in dünne Scheiben schneiden. Kombinieren Sie Wein oder Sherry, Sojasauce, Austernsauce, Zucker, Maisstärke, Backpulver, Salz und Knoblauch. Das Fleisch zugeben, abdecken und mindestens 3 Stunden kühl stellen. Das Öl erhitzen und die Zwiebel etwa 5 Minuten goldbraun braten. Auf eine vorgewärmte Platte geben und warm halten. Etwas Fleisch in den Wok geben und die Scheiben so anordnen, dass sie sich nicht überlappen. Auf jeder Seite etwa 3 Minuten braten, bis sie gebräunt sind, dann auf die Zwiebeln legen und den Rest des Fleisches weiter braten.

Rindfleisch-Toast

für 4

4 Scheiben mageres Rindfleisch
1 Ei, geschlagen
50 g Walnüsse, gehackt
4 Scheiben Brot
Frittieröl

Die Rindfleischscheiben flach drücken und gut mit dem Ei bestreichen. Mit Walnüssen bestreuen und mit einer Scheibe Brot bestreuen. Das Öl erhitzen und die Rindfleischscheiben und das Brot ca. 2 Minuten anbraten. Aus dem Öl nehmen und abkühlen. Das Öl erhitzen und erneut braten, bis es gut gebräunt ist.

Geschreddertes Rindfleisch Tofu Chili

für 4

225 g mageres Rindfleisch, gehackt

1 Eiweiß

2,5 ml/¬Ω Teelöffel Sesamöl

5 ml/1 Teelöffel Maismehl

Prise Salz

250 ml / 8 fl oz / 1 Tasse Erdnussöl (Erdnussöl)

100 g getrockneter Tofu in Streifen geschnitten

5 rote Chilis, in Streifen geschnitten

15 ml/1 Esslöffel Wasser

1 Scheibe Ingwerwurzel, gehackt

10 ml/2 Teelöffel Sojasauce

Das Rindfleisch mit dem Eiweiß, der Hälfte des Sesamöls, Maismehl und Salz mischen. Das Öl erhitzen und das Rindfleisch braten, bis es fast gar ist. Aus der Pfanne nehmen. Den Tofu in die Pfanne geben und 2 Minuten braten, dann aus der Pfanne nehmen. Chilischoten zugeben und 1 Minute braten. Den Tofu mit Wasser, Ingwer und Sojasauce in die

Pfanne geben und gut vermischen. Fügen Sie das Rindfleisch hinzu und braten Sie es, bis es gut vermischt ist. Mit dem restlichen Sesamöl bestreut servieren.

Rindfleisch mit Tomaten

für 4

30 ml/2 EL Erdnussöl (Erdnussöl)
3 Frühlingszwiebeln (Schalenzwiebeln), in Stücke geschnitten
225 g mageres Rindfleisch, in Streifen geschnitten
60 ml/4 Esslöffel Rinderbrühe
15 ml/1 Esslöffel Maismehl
45 ml/3 Esslöffel Wasser
4 Tomaten, gehäutet und geviertelt

Das Öl erhitzen und die Frühlingszwiebeln glasig dünsten. Fügen Sie das Rindfleisch hinzu und braten Sie es, bis es gebräunt ist. Brühe zugeben, zum Kochen bringen, abdecken und 2 Minuten köcheln lassen. Maisstärke und Wasser mischen, in der Pfanne umrühren und unter Rühren kochen, bis die Sauce eindickt. Tomaten hinzufügen und köcheln lassen, bis sie aufgewärmt sind.

Roter Tafelspitz mit Rüben

für 4

450 g mageres Rindfleisch

1 Scheibe Ingwerwurzel, gehackt

1 Frühlingszwiebel, gehackt 120ml/4oz/¬Ω Tasse Reiswein oder trockener Sherry

250ml / 8oz / 1 Tasse Wasser

2 Nelken Sternanis

1 kleine Rübe, gewürfelt

120 ml Sojasauce

15 ml/1 Esslöffel Zucker

Rindfleisch, Ingwer, Schnittlauch, Wein oder Sherry, Wasser und Sternanis in eine Pfanne mit schwerem Boden geben, zum Kochen bringen, abdecken und 45 Minuten köcheln lassen. Rote Bete, Sojasauce und Zucker und bei Bedarf noch etwas Wasser zugeben, nochmals aufkochen, zugedeckt weitere 45 Minuten köcheln lassen, bis das Rindfleisch weich ist.

abkühlen lassen. Rindfleisch und Rüben aus der Sauce nehmen. Das Rindfleisch in Scheiben schneiden und mit Rüben auf einer Platte anrichten. Mit der Soße übergießen und kalt servieren.

Rindfleisch mit Gemüse

für 4

225 g mageres Rindfleisch

15 ml/1 Esslöffel Maismehl

15 ml/1 Esslöffel Sojasauce

15 ml/1 EL Reiswein oder trockener Sherry

2,5 ml/¬Ω Teelöffel Zucker

45 ml/3 EL Erdnussöl (Erdnussöl)

1 Scheibe Ingwerwurzel, gehackt

2,5 ml/¬Ω Teelöffel Salz

100 g Zwiebel in Scheiben geschnitten

2 Stangen Sellerie, in Scheiben geschnitten

1 rote Paprika, in Scheiben geschnitten

100 g Bambussprossen, in Scheiben geschnitten

100 g geschnittene Karotten

120 ml/4 fl oz/¬Ω Tasse Rinderbrühe

Das Rindfleisch in dünne Scheiben auf das Korn schneiden und in eine Schüssel geben. Maisstärke, Sojasauce, Wein oder Sherry und Zucker mischen, über das Rindfleisch gießen und wenden, um es zu beschichten. 30 Minuten ruhen lassen, gelegentlich wenden. Die Hälfte des Öls erhitzen und das Rindfleisch anbraten, bis es gebräunt ist, dann aus der Pfanne nehmen. Das restliche Öl erhitzen, Ingwer und Salz untermischen, dann das Gemüse dazugeben und unter Rühren braten, bis es mit Öl überzogen ist. Brühe zugeben, zum Kochen bringen, abdecken und köcheln lassen, bis das Gemüse weich, aber noch knackig ist. Das Rindfleisch zurück in die Pfanne geben und bei schwacher Hitze etwa 1 Minute umrühren, damit es verkocht.

Geschmortes Rindfleisch

für 4

350 g Rinderroulade

30 ml/2 Esslöffel Zucker

30 ml/2 EL Reiswein oder trockener Sherry

30 ml/2 Esslöffel Sojasauce

5 ml/1 Teelöffel Zimt

2 Frühlingszwiebeln (Schalotten), gehackt

1 Scheibe Ingwerwurzel, gehackt

45 ml/3 Esslöffel Sesamöl

Das Wasser im Topf aufkochen, das Fleisch hinzugeben, das Wasser zum Kochen bringen und schnell kochen, damit das Fleisch versiegelt ist. Aus der Pfanne nehmen. Legen Sie das Fleisch in eine saubere Pfanne und fügen Sie alle anderen Zutaten hinzu, wobei Sie 15 ml/1 EL Sesamöl aufbewahren. Die Pfanne mit genügend Wasser füllen, um das Fleisch zu bedecken, zum Kochen bringen, zudecken und etwa 1 Stunde köcheln lassen, bis das Fleisch zart ist. Vor dem Servieren mit dem restlichen Sesamöl beträufeln.

Gefülltes Steak

Für 4-6 Personen

675 g Steak in einem Stück

60 ml/4 Esslöffel Weinessig

30 ml/2 Esslöffel Zucker

10 ml/2 Teelöffel Sojasauce

2,5 ml/¬Ω Teelöffel frisch gemahlener Pfeffer

2,5 ml/¬Ω Teelöffel ganze Nelken

5 ml/1 Teelöffel gemahlener Zimt

1 Lorbeerblatt, zerdrückt

225 g gekochter Langkornreis

5 ml/1 Teelöffel gehackte frische Petersilie

Prise Salz

30 ml/2 EL Erdnussöl (Erdnussöl)

30 ml/2 Esslöffel Schmalz

1 Zwiebel, in Scheiben geschnitten

Legen Sie das Steak in eine große Schüssel. Weinessig, Zucker, Sojasauce, Pfeffer, Nelken, Zimt und Lorbeerblatt in einer Pfanne aufkochen und abkühlen lassen. Über das Steak gießen, abdecken und über Nacht im Kühlschrank marinieren, gelegentlich wenden.

Reis, Petersilie, Salz und Öl mischen. Das Rindfleisch abtropfen lassen und auf dem Steak verteilen, aufrollen und mit Garn binden. Schmalz schmelzen, Zwiebel und Steak dazugeben und anbraten, bis es von allen Seiten gebräunt ist. Fügen Sie genug Wasser hinzu, um das Steak fast zu bedecken, und garen Sie es abgedeckt 1 Ω Stunde lang oder bis das Fleisch weich ist.

Rinderknödel

für 4

450 g Weizenmehl (Allzweck)

1 Päckchen Easy-Mix Hefe

10 ml/2 Teelöffel Puderzucker

5 ml/1 Teelöffel Salz

300 ml/¬Ω pt/1-° Tasse warme Milch oder Wasser

30 ml/2 EL Erdnussöl (Erdnussöl)

225 g Hackfleisch

1 Zwiebel, gehackt

2 Stängel Ingwer, gehackt

50 g gehackte Cashewnüsse

2,5 ml/¬Ω Teelöffel Fünf-Gewürze-Pulver

15 ml/1 Esslöffel Sojasauce

30 ml/2 Esslöffel Hoisin-Sauce

2,5 ml/¬Ω Teelöffel Weinessig

15 ml/1 Esslöffel Maismehl

45 ml/3 Esslöffel Wasser

Mehl, Hefe, Zucker, Salz und warme Milch oder Wasser mischen und zu einem glatten Teig kneten. Zugedeckt an einem warmen Ort 45 Minuten gehen lassen. Das Öl erhitzen und das Rindfleisch anbraten, bis es leicht gebräunt ist. Zwiebel, Ingwer, Cashewnüsse, Fünf-Gewürze-Pulver, Sojasauce, Hoisinsauce und Essig hinzufügen und zum Kochen bringen. Maisstärke und Wasser mischen, mit der Sauce mischen und 2 Minuten köcheln lassen. abkühlen lassen. Den Teig zu 16 Kugeln formen. Flach ausdrücken, etwas Füllung darauf geben und den Teig um die Füllung schließen. In einen Dämpfeinsatz über einem Wok oder einer Pfanne geben, abdecken und etwa 30 Minuten in Salzwasser garen.

Knusprige Fleischbällchen

für 4

225 g Hackfleisch
100 g Wasserkastanien, gehackt
2 Eier, geschlagen
5 ml/1 Teelöffel abgeriebene Orangenschale
5 ml/1 Teelöffel gehackte Ingwerwurzel
5 ml/1 Teelöffel Salz
15 ml/1 Esslöffel Maismehl
225 g (8 Unzen/2 Tassen) Allzweckmehl
5 ml/1 Teelöffel Backpulver
300 ml/¬Ω pt/1-Ω Glas Wasser
15 ml/1 EL Erdnussöl (Erdnussöl)
Frittieröl

Rindfleisch, Wasserkastanien, 1 Ei, Orangenschale, Ingwer, Salz und Maisstärke mischen. Zu kleinen Kugeln formen. In eine Schüssel in einen Dampfgarer über kochendem Wasser geben und etwa 20 Minuten dämpfen, bis sie gar sind. abkühlen lassen.

Mehl, Backpulver, restliche Eier, Wasser und Erdnussöl (Erdnussöl) zu einem dicken Teig verrühren. Tauchen Sie die

Fleischbällchen in den Teig. Das Öl erhitzen und die Fleischbällchen goldbraun braten.

Hackfleisch mit Cashewnüssen

für 4

450 g Hackfleisch

¬Ω-Protein

5 ml/1 Teelöffel Austernsauce

5 ml/1 Teelöffel helle Sojasauce

ein paar Tropfen Sesamöl

25 g frische Petersilie, gehackt

45 ml/3 EL Erdnussöl (Erdnussöl)

25 g gehackte Cashewnüsse

15 ml/1 Esslöffel Rinderbrühe

4 große Salatblätter

Rindfleisch mit Eiweiß, Austernsauce, Sojasauce, Sesamöl und Petersilie mischen und beiseite stellen. Die Hälfte des Öls erhitzen und die Cashewnüsse leicht anbräunen, dann aus der Pfanne nehmen. Das restliche Öl erhitzen und die Fleischmischung braten, bis sie gebräunt ist. Die Brühe hinzugeben und weiterkochen, bis fast die gesamte Flüssigkeit verdampft ist. Die Salatblätter auf einer vorgewärmten Platte anrichten und einen Fleischlöffel verwenden. Mit gerösteten Cashewnüssen bestreut servieren

Rindfleisch in roter Soße

für 4

60 ml/4 EL Erdnussöl (Erdnussöl)

450 g Hackfleisch

1 Zwiebel, gehackt

1 rote Paprika, gehackt

1 grüne Paprika, gehackt

2 Scheiben Ananas, gehackt

45 ml/3 Esslöffel Sojasauce

45 ml/3 Esslöffel trockener Weißwein

30 ml/2 Esslöffel Weinessig

30 ml/2 Esslöffel Honig

300 ml/¬Ω pt/1-° Tasse Rinderbrühe

Salz und frisch gemahlener Pfeffer

ein paar Tropfen Chiliöl

Das Öl erhitzen und das Rindfleisch anbraten, bis es leicht gebräunt ist. Gemüse und Ananas zugeben und 3 Minuten braten. Sojasauce, Wein, Essig, Honig und Brühe hinzugeben. Zum Kochen bringen, abdecken und 30 Minuten köcheln lassen, bis sie weich sind. Mit Salz, Pfeffer und Chiliöl abschmecken.

Rindfleischbällchen mit klebrigem Reis

für 4

225 g Klebreis

450 g mageres Rindfleisch, gehackt (gehackt)

1 Scheibe Ingwerwurzel, gehackt

1 kleine Zwiebel, gehackt

1 Ei, leicht geschlagen

15 ml/1 Esslöffel Sojasauce

2,5 ml/¬Ω Teelöffel Maisstärke (Maismehl)

2,5 ml/¬Ω Teelöffel Zucker

2,5 ml/¬Ω Teelöffel Salz

5 ml/1 Teelöffel Reiswein oder trockener Sherry

Den Reis 30 Minuten einweichen, dann abtropfen lassen und auf einem Teller verteilen. Mischen Sie Rindfleisch, Ingwer, Zwiebel, Ei, Sojasauce, Maisstärke, Zucker, Salz und Wein oder Sherry. Kugeln in der Größe einer Walnuss formen. Die Fleischbällchen im Reis wenden, bis sie vollständig bedeckt sind, dann auf eine flache, ofenfeste Form legen. Auf einem Gitterrost über leicht siedendem Wasser 30 Minuten dämpfen. Mit Sojasauce und chinesischen Senf-Dips servieren.

Fleischbällchen mit süß-saurer Soße

für 4

450 g Hackfleisch

1 Zwiebel, fein gehackt

25 g fein gehackte Wasserkastanien

15 ml/1 Esslöffel Sojasauce

15 ml/1 EL Reiswein oder trockener Sherry

1 Ei, geschlagen

100 g/4 oz/¬Ω Tasse Maismehl (Maismehl)

Frittieröl

Für die Soße:

15 ml/1 EL Erdnussöl (Erdnussöl)

1 grüne Paprika, gewürfelt

100 g Ananasstücke in Sirup

100 g gemischte chinesische Süßgurken

100 g brauner Zucker

120 ml Hühnerbrühe

60 ml/4 Esslöffel Weinessig

15 ml/1 Esslöffel Tomatenmark (Paste)

15 ml/1 Esslöffel Maismehl

15 ml/1 Esslöffel Sojasauce

Salz und frisch gemahlener Pfeffer
45 ml/3 EL Kokosraspeln

Rindfleisch, Zwiebel, Wasserkastanien, Sojasauce und Wein oder Sherry mischen. Kleine Bällchen formen und in verquirltem Ei und dann in Maismehl wälzen. In heißem Öl einige Minuten braten, bis sie gebräunt sind. Auf eine vorgewärmte Platte geben und warm halten.

In der Zwischenzeit das Öl erhitzen und die Paprika 2 Minuten braten. 30 ml/2 EL Ananassirup, 15 ml/1 EL Essig, Zucker, Brühe, Weinessig, Tomatenmark, Maismehl und Sojasauce zugeben. Gut umrühren, zum Kochen bringen und unter Rühren köcheln lassen, bis die Mischung klar und dickflüssig wird. Restliche Ananas und eingelegte Gurken abtropfen lassen und in die Pfanne geben. 2 Minuten kochen, dabei umrühren. Über die Fleischbällchen gießen und mit Kokos bestreut servieren.

Gedämpfter Fleischpudding

für 4

6 getrocknete chinesische Pilze
225 g Hackfleisch
225 g gehacktes (gehacktes) Schweinefleisch
1 Zwiebel, gewürfelt
20 ml/2 EL Mango-Chutney
30 ml/2 Esslöffel Hoisin-Sauce
30 ml/2 Esslöffel Sojasauce
5 ml/1 Teelöffel Fünf-Gewürze-Pulver
1 Knoblauchzehe, zerdrückt
5 ml/1 Teelöffel Salz
1 Ei, geschlagen
45 ml/3 Esslöffel Maismehl
60 ml/4 EL gehackter Schnittlauch
10 Kohlblätter
300 ml/¬Ω pt/1-° Tasse Rinderbrühe

Die Pilze 30 Minuten in warmem Wasser einweichen, dann abgießen. Entsorgen Sie die Kappen und hacken Sie die

Kappen. Hackfleisch, Zwiebel, Chutney, Hoisinsauce, Sojasauce, Fünf-Gewürze-Pulver und Knoblauch unterrühren und mit Salz abschmecken. Ei und Maismehl hinzufügen und mit dem Schnittlauch vermischen. Den Dampfkorb mit Kohlblättern auslegen. Das Hackfleisch zu einer Kuchenform formen und auf die Blätter legen. Abdecken und 30 Minuten in siedender Brühe garen.

Gedünstetes Hackfleisch

für 4

450 g Hackfleisch
2 Zwiebeln, fein gehackt
100 g Wasserkastanien, fein gehackt
60 ml/4 Esslöffel Sojasauce
60 ml/4 EL Reiswein oder trockener Sherry
Salz und frisch gemahlener Pfeffer

Alle Zutaten miteinander vermischen, mit Salz und Pfeffer würzen. In eine kleine ofenfeste Schüssel drücken und über dem siedenden Wasser in den Dampfgarer stellen. Zugedeckt etwa 20 Minuten garen, bis das Fleisch gar ist und das Gericht seine eigene köstliche Soße entwickelt.

Gebratenes Hackfleisch mit Austernsauce

für 4

30 ml/2 EL Erdnussöl (Erdnussöl)

2 Knoblauchzehen, zerdrückt

225 g Hackfleisch

1 Zwiebel, gehackt

50 g gehackte Wasserkastanien

50 g Bambussprossen, gehackt

15 ml/1 Esslöffel Sojasauce

30 ml/2 EL Reiswein oder trockener Sherry

15 ml/1 Esslöffel Austernsauce

Das Öl erhitzen und den Knoblauch anbraten, bis er leicht gebräunt ist. Fügen Sie das Fleisch hinzu und rühren Sie es, bis es von allen Seiten gebräunt ist. Zwiebel, Wasserkastanien und Bambussprossen hinzugeben und 2 Minuten braten. Sojasauce und Wein oder Sherry zugeben, abdecken und 4 Minuten köcheln lassen.

Rinderbrötchen

für 4

350 g Rinderhackfleisch
1 Ei, geschlagen
5 ml/1 Teelöffel Maismehl
5 ml/1 Teelöffel Erdnussöl (Erdnussöl)
Salz und frisch gemahlener Pfeffer
4 Frühlingszwiebeln (Schalotten), gehackt
8 Frühlingsrollen in Speiseöl einwickeln

Mischen Sie Rindfleisch, Ei, Maisstärke, Öl, Salz, Pfeffer und Frühlingszwiebeln. 1 Stunde einwirken lassen. Die Mischung in jede Frühlingsrolle geben, den Boden aufrollen, zu den Seiten falten, dann die Blätter aufrollen und die Ränder mit etwas Wasser versiegeln. Das Öl erhitzen und die Brötchen braten, bis sie goldbraun und frittiert sind. Vor dem Servieren gut abseihen.

Rindfleisch und Spinatbällchen

für 4

450 g Hackfleisch

1 Ei

100 Gramm Semmelbrösel

60 ml/4 Esslöffel Wasser

15 ml/1 Esslöffel Maismehl

2,5 ml/¬Ω Teelöffel Salz

15 ml/1 EL Reiswein oder trockener Sherry

30 ml/2 EL Erdnussöl (Erdnussöl)

45 ml/3 Esslöffel Sojasauce

120 ml/4 fl oz/¬Ω Tasse Rinderbrühe

350 g Spinat, gerieben

Rindfleisch, Ei, Semmelbrösel, Wasser, Maisstärke, Salz und Wein oder Sherry mischen. Kugeln in der Größe einer Walnuss formen. Das Öl erhitzen und die Fleischbällchen braten, bis sie von allen Seiten gebräunt sind. Aus der Pfanne nehmen und überschüssiges Öl abtropfen lassen. Sojasauce und Brühe in die Pfanne geben und die Fleischbällchen beiseite stellen. Zum Kochen bringen, abdecken und 30 Minuten köcheln lassen, gelegentlich wenden. Den Spinat in einer separaten Pfanne weich kochen, dann mit dem Rindfleisch mischen und erhitzen.

Gebratenes Rindfleisch mit Tofu

für 4

20 ml/4 TL Maismehl (Maismehl)
10 ml/2 Teelöffel Sojasauce
10 ml/2 TL Reiswein oder trockener Sherry
225 g Hackfleisch
2,5 ml/¬Ω Teelöffel Zucker
30 ml/2 EL Erdnussöl (Erdnussöl)
2,5 ml/¬Ω Teelöffel Salz
1 Knoblauchzehe, zerdrückt
120 ml/4 fl oz/¬Ω Tasse Rinderbrühe
225 g gewürfelter Tofu
2 Frühlingszwiebeln (Schalotten), gehackt
Eine Prise frisch gemahlener Pfeffer

Mischen Sie die Hälfte der Maisstärke, die Hälfte der Sojasauce und die Hälfte des Weins oder Sherrys. Zum Rindfleisch geben und gut vermischen. Das Öl erhitzen und das Salz und den Knoblauch einige Sekunden anbraten. Fügen Sie das Rindfleisch hinzu und braten Sie es, bis es gebräunt ist.

Brühe zugeben und aufkochen. Tofu hinzugeben, abdecken und 2 Minuten garen. Restliche Maisstärke, Sojasauce und Wein oder Sherry mischen, in die Pfanne geben und unter Rühren kochen, bis die Sauce eindickt.

Lamm mit Spargel

für 4

350 Gramm Spargel

450 g mageres Lamm

45 ml/3 EL Erdnussöl (Erdnussöl)

Salz und frisch gemahlener Pfeffer

2 Knoblauchzehen, zerdrückt

250ml / 8oz / 1 Tasse Brühe

1 Tomate, gehäutet und in Achtel geschnitten

15 ml/1 Esslöffel Maismehl

45 ml/3 Esslöffel Wasser

15 ml/1 Esslöffel Sojasauce

Den Spargel in diagonale Stücke schneiden und in eine Schüssel geben. Mit kochendem Wasser übergießen und 2 Minuten ziehen lassen, dann abgießen. Das Lamm in dünne Scheiben schneiden. Das Öl erhitzen und das Lamm braten, bis es leicht gebräunt ist. Salz, Pfeffer und Knoblauch zugeben und 5 Minuten braten. Spargel, Brühe und Tomaten zugeben, aufkochen, zugedeckt 2 Minuten köcheln lassen. Maismehl, Wasser und Sojasauce zu einer Paste verrühren, in einer

Pfanne mischen und unter Rühren kochen, bis die Sauce klar und dickflüssig wird.

Gegrilltes Lamm

für 4

450 g mageres Lamm, in Streifen geschnitten
120 ml Sojasauce
120 ml Reiswein oder trockener Sherry
1 Knoblauchzehe, zerdrückt
3 Frühlingszwiebeln (Schalotten), gehackt
5 ml/1 Teelöffel Sesamöl
Salz und frisch gemahlener Pfeffer

Legen Sie das Lamm in eine Schüssel. Die restlichen Zutaten mischen, über das Lamm gießen und 1 Stunde marinieren lassen. Über heißen Kohlen grillen (grillen), bis das Lamm zart ist, nach Bedarf mit Soße begießen.

Lamm mit grünen Bohnen

für 4

450 g grüne Bohnen, in Julienne-Streifen geschnitten
45 ml/3 EL Erdnussöl (Erdnussöl)
450 g mageres Lamm, in dünne Scheiben geschnitten
250ml / 8oz / 1 Tasse Brühe
5 ml/1 Teelöffel Salz
2,5 ml/½ Teelöffel frisch gemahlener Pfeffer
15 ml/1 Esslöffel Maismehl
5 ml/1 Teelöffel Sojasauce
75 ml/5 Esslöffel Wasser

Die Bohnen 3 Minuten in kochendem Wasser blanchieren, dann gut abtropfen lassen. Das Öl erhitzen und das Fleisch anbraten, bis es von allen Seiten leicht gebräunt ist. Brühe zugeben, zum Kochen bringen, abdecken und 5 Minuten kochen lassen. Bohnen, Salz und Pfeffer zugeben, abdecken und 4 Minuten köcheln lassen, bis das Fleisch zart ist. Maisstärke, Sojasauce und Wasser zu einer Paste verrühren, in einer Pfanne mischen und unter Rühren kochen, bis die Sauce klar und dickflüssig wird.

Geschmortes Lamm

für 4

450 g Lammschulter ohne Knochen, gewürfelt
15 ml/1 EL Erdnussöl (Erdnussöl)
4 Frühlingszwiebeln, in Scheiben geschnitten
10 ml/2 Teelöffel geriebene Ingwerwurzel
200 ml/¬Ω pt/1 Tasse Hühnerbrühe
30 ml/2 Esslöffel Zucker
30 ml/2 Esslöffel Sojasauce
15 ml/1 Esslöffel Hoisin-Sauce
15 ml/1 EL Reiswein oder trockener Sherry
5 ml/1 Teelöffel Sesamöl

Das Lamm in kochendem Wasser 5 Minuten blanchieren, dann abgießen. Das Öl erhitzen und das Lamm braten, bis es gebräunt ist, etwa 5 Minuten. Aus der Pfanne nehmen und auf Küchenpapier abtropfen lassen. Entfernen Sie alles bis auf 15 ml/1 EL Öl aus der Pfanne. Öl erhitzen und Frühlingszwiebeln und Ingwer 2 Minuten anbraten. Das Fleisch mit den restlichen Zutaten in die Pfanne geben. Zum Kochen bringen, abdecken und bei schwacher Hitze 1 Stunde garen, bis das Fleisch zart ist.

Lamm mit Brokkoli

für 4

75 ml/5 EL Erdnussöl (Erdnussöl)

1 Knoblauchzehe, zerdrückt

450 g Lamm, in Streifen geschnitten

450 g Brokkoliröschen

250ml / 8oz / 1 Tasse Brühe

5 ml/1 Teelöffel Salz

2,5 ml/¬Ω Teelöffel frisch gemahlener Pfeffer

30 ml/2 EL Maismehl (Maismehl)

75 ml/5 Esslöffel Wasser

5 ml/1 Teelöffel Sojasauce

Öl erhitzen und Knoblauch und Lamm braten, bis sie gar sind. Brokkoli und Brühe hinzugeben, zum Kochen bringen, abdecken und etwa 15 Minuten köcheln lassen, bis der Brokkoli weich ist. Mit Salz und Pfeffer würzen. Maismehl, Wasser und Sojasauce zu einer Paste verrühren, in einer

Pfanne mischen und unter Rühren kochen, bis die Sauce klar und dickflüssig wird.

Lamm mit Wasserkastanien

für 4

350 g mageres Lamm, in Stücke geschnitten
15 ml/1 EL Erdnussöl (Erdnussöl)
2 Frühlingszwiebeln (Schalotten), in Scheiben geschnitten
2 Scheiben Ingwerwurzel, gehackt
2 rote Chilischoten, gehackt
600ml/1pt/2ohm Tassen Wasser
100 g Rote Bete, gewürfelt
1 Karotte, gewürfelt
1 Zimtstange
2 Nelken Sternanis
2,5 ml/¬Ω Teelöffel Zucker
15 ml/1 Esslöffel Sojasauce
15 ml/1 EL Reiswein oder trockener Sherry
100 g Wasserkastanien
15 ml/1 Esslöffel Maismehl

45 ml/3 Esslöffel Wasser

Das Lamm in kochendem Wasser 2 Minuten blanchieren, dann abgießen. Öl erhitzen und Frühlingszwiebeln, Ingwer und Chili 30 Sekunden anschwitzen. Lamm hinzugeben und braten, bis es gut mit Gewürzen überzogen ist. Restliche Zutaten außer Wasserkastanien, Maismehl und Wasser hinzugeben, zum Kochen bringen, teilweise abdecken und etwa 1 Stunde garen, bis das Lamm weich ist. Gelegentlich kontrollieren und bei Bedarf mit kochendem Wasser auffüllen. Zimt und Sternanis entfernen, Wasserkastanien zugeben und offen ca. 5 Minuten garen. Maisstärke und Wasser zu einer Paste verrühren und mit der Sauce verrühren. Unter Rühren köcheln lassen, bis die Sauce eindickt. Möglicherweise benötigen Sie nicht die gesamte Maisstärkepaste, wenn Sie die Sauce beim Kochen reduzieren lassen.

Lamm mit Kohl

für 4

45 ml/3 EL Erdnussöl (Erdnussöl)
450 g Lamm in dünne Scheiben geschnitten
Salz und frisch gemahlener schwarzer Pfeffer
1 Knoblauchzehe, zerdrückt
450 g Chinakohl, gehackt
120ml/4oz/¬Ω Becherbrühe
15 ml/1 Esslöffel Maismehl
15 ml/1 Esslöffel Sojasauce
60 ml/4 Esslöffel Wasser

Das Öl erhitzen und das Lamm mit Salz, Pfeffer und Knoblauch anbraten, bis es leicht gebräunt ist. Kohl hinzugeben und umrühren, bis er mit Öl überzogen ist. Brühe zugeben, zum Kochen bringen, abdecken und 10 Minuten köcheln lassen. Maismehl, Sojasauce und Wasser zu einer Paste verrühren, in einer Pfanne mischen und unter Rühren köcheln lassen, bis die Sauce klar und eingedickt ist.

Lamm-Chow mein

für 4

450 g Eiernudeln
45 ml/3 EL Erdnussöl (Erdnussöl)
450 g Lamm in Scheiben geschnitten
1 Zwiebel, in Scheiben geschnitten
1 Sellerieherz, in Scheiben geschnitten
100 Gramm Pilze
100 Gramm Sojasprossen
20 ml/2 TL Maismehl (Maismehl)
175 ml/6 fl oz/œ Tasse Wasser
Salz und frisch gemahlener Pfeffer

Die Nudeln in kochendem Wasser etwa 8 Minuten kochen, dann abgießen. Das Öl erhitzen und das Lamm braten, bis es leicht gebräunt ist. Zwiebel, Sellerie, Champignons und Sojasprossen dazugeben und

5 Minuten braten. Maisstärke und Wasser mischen, in die Pfanne geben und zum Kochen bringen. Unter Rühren köcheln lassen, bis die Sauce eindickt. Über die Nudeln gießen und sofort servieren.

Lamm Curry

für 4

30 ml/2 EL Erdnussöl (Erdnussöl)
2 Knoblauchzehen, zerdrückt
1 Scheibe Ingwerwurzel, gehackt
450 g mageres Lamm, gewürfelt
100 g Kartoffeln, gewürfelt
2 Karotten, gewürfelt
15 ml/1 Esslöffel Currypulver
250 ml / 1 Tasse Hühnerbrühe
100 g geschnittene Champignons
1 grüne Paprika, gewürfelt
50 g Wasserkastanien, in Scheiben geschnitten

Öl erhitzen und Knoblauch und Ingwer anbraten, bis sie leicht gebräunt sind. Lamm dazugeben und 5 Minuten braten. Kartoffeln und Karotten zugeben und 3 Minuten braten. Curry hinzufügen und 1 Minute braten. Brühe zugeben, aufkochen, abdecken und etwa 25 Minuten köcheln lassen. Champignons, Paprika und Wasserkastanien dazugeben und 5 Minuten garen.

Wenn Sie eine dickere Sauce bevorzugen, kochen Sie einige Minuten, um die Sauce zu reduzieren, oder binden Sie sie mit 15 ml / 1 EL Maisstärke mit etwas Wasser ein.

Duftendes Lamm

für 4

30 ml/2 EL Erdnussöl (Erdnussöl)
450 g mageres Lamm, gewürfelt
2 Frühlingszwiebeln (Schalotten), gehackt
1 Knoblauchzehe, zerdrückt
1 Scheibe Ingwerwurzel, gehackt
120 ml Sojasauce
15 ml/1 EL Reiswein oder trockener Sherry
15 ml/1 Esslöffel brauner Zucker
2,5 ml/¬Ω Teelöffel Salz
frisch gemahlener Pfeffer
300 ml/¬Ω pt/1-° Glas Wasser

Das Öl erhitzen und das Lamm braten, bis es leicht gebräunt ist. Frühlingszwiebel, Knoblauch und Ingwer dazugeben und 2 Minuten braten. Sojasauce, Wein oder Sherry, Zucker und Salz hinzugeben und mit Pfeffer würzen. Mischen Sie die Zutaten gut. Wasser hinzufügen, zum Kochen bringen, abdecken und 2 Stunden kochen lassen.

Gegrillte Lammwürfel

für 4

120 ml/4 fl oz/¬Ω Tasse Erdnussöl (Erdnussöl)
60 ml/4 Esslöffel Weinessig
2 Knoblauchzehen, zerdrückt
15 ml/1 Esslöffel Sojasauce
5 ml/1 Teelöffel Salz
2,5 ml/¬Ω Teelöffel frisch gemahlener Pfeffer
2,5 ml/¬Ω Teelöffel Oregano
450 g mageres Lamm, gewürfelt

Alle Zutaten mischen, abdecken und über Nacht marinieren lassen. Abfluss. Das Fleisch auf den Grill legen und unter mehrmaligem Wenden ca. 15 Minuten anbraten, bis das Lamm zart und leicht gebräunt ist.

Lamm mit Kaiserschoten

für 4

2 Knoblauchzehen, zerdrückt

2,5 ml/¬Ω Teelöffel Salz

450 g Lamm, gewürfelt

30 ml/2 EL Maismehl

30 ml/2 EL Erdnussöl (Erdnussöl)

450 g Erbsen, in 4 Teile geschnitten. schneiden

250 ml / 1 Tasse Hühnerbrühe

10 ml/2 TL abgeriebene Zitronenschale

30 ml/2 Esslöffel Honig

30 ml/2 Esslöffel Sojasauce

5 ml/1 Teelöffel gemahlener Koriander

5 ml/1 Teelöffel gemahlener Kreuzkümmel

30 ml/2 EL Tomatenmark (Paste)

30 ml/2 Esslöffel Weinessig

Knoblauch und Salz unterrühren und mit dem Lamm mischen. Das Lamm mit Maismehl bestreichen. Das Öl erhitzen und das Lamm braten, bis es gar ist. Kaiserschoten dazugeben und 2

Minuten braten. Die restliche Maisstärke mit der Brühe verrühren und zu den restlichen Zutaten in die Pfanne geben. Unter Rühren zum Kochen bringen, dann 3 Minuten köcheln lassen.

Mariniertes Lamm

für 4

450 g mageres Lamm
2 Knoblauchzehen, zerdrückt
5 ml/1 Teelöffel Salz
120 ml Sojasauce
5 ml/1 Teelöffel Selleriesalz
Frittieröl

Das Lamm in einen Topf geben und mit kaltem Wasser bedecken. Knoblauch und Salz hinzufügen, zum Kochen bringen, abdecken und 1 Stunde köcheln lassen oder bis das Lamm weich ist. Aus der Pfanne nehmen und abtropfen lassen. Das Lamm in eine Schüssel geben, Sojasauce hinzufügen und mit Selleriesalz bestreuen. Zugedeckt 2 Stunden oder über Nacht marinieren lassen. Das Lamm in kleine Stücke schneiden. Das Öl erhitzen und das Lamm knusprig braten. Vor dem Servieren gut abseihen.

Lamm mit Pilzen

für 4

45 ml/3 EL Erdnussöl (Erdnussöl)
350 g geschnittene Champignons
100 g Bambussprossen, in Scheiben geschnitten
3 Scheiben Ingwerwurzel, gehackt
450 g Lamm in dünne Scheiben geschnitten
250ml / 8oz / 1 Tasse Brühe
15 ml/1 Esslöffel Maismehl
15 ml/1 Esslöffel Sojasauce
60 ml/4 Esslöffel Wasser

Öl erhitzen und Pilze, Bambussprossen und Ingwer 3 Minuten anbraten. Fügen Sie das Lamm hinzu und braten Sie es leicht an, bis es leicht gebräunt ist. Brühe angießen, aufkochen, zugedeckt ca. 30 Minuten köcheln lassen, bis das Lamm gar ist und die Soße auf die Hälfte eingekocht ist. Maismehl,

Sojasauce und Wasser mischen, in der Pfanne mischen und unter Rühren kochen, bis die Sauce klar und eingedickt ist.

Lamm mit Austernsauce

für 4

30 ml/2 EL Erdnussöl (Erdnussöl)
1 Knoblauchzehe, zerdrückt
1 Scheibe Ingwer, fein gehackt
450 g magere Marmelade, in Scheiben geschnitten
250ml / 8oz / 1 Tasse Brühe
30 ml/2 Esslöffel Austernsauce
15 ml/1 EL Reiswein oder Sherry
5 ml/1 Teelöffel Zucker

Das Olivenöl mit Knoblauch und Ingwer erhitzen und anbraten, bis es leicht gebräunt ist. Lamm hinzugeben und ca. 3 Minuten braten, bis es leicht gebräunt ist. Brühe, Austernsauce, Wein oder Sherry und Zucker hinzugeben, zum Kochen bringen, umrühren, abdecken und unter gelegentlichem Rühren köcheln lassen, bis das Lamm weich ist, etwa 30 Minuten. Entfernen Sie den Deckel und kochen Sie unter Rühren weiter, bis die Sauce reduziert und eingedickt ist, etwa 4 Minuten.

Gekochtes rotes Lamm

für 4

30 ml/2 EL Erdnussöl (Erdnussöl)

450 g Lammkoteletts

250 ml / 1 Tasse Hühnerbrühe

1 Zwiebel in Achtel geschnitten

120 ml Sojasauce

5 ml/1 Teelöffel Salz

1 Scheibe Ingwerwurzel, gehackt

Das Öl erhitzen und die Koteletts braten, bis sie auf beiden Seiten gebräunt sind. Restliche Zutaten zugeben, zum Kochen bringen, zudecken und köcheln lassen, bis das Lamm weich und die Sauce eingekocht ist, etwa 1 Ω Stunde.

Lamm mit Frühlingszwiebeln

für 4

350 g mageres Lamm, gewürfelt

30 ml/2 Esslöffel Sojasauce

30 ml/2 EL Reiswein oder trockener Sherry

30 ml/2 EL Erdnussöl (Erdnussöl)

2 Knoblauchzehen, zerdrückt

8 Schalotten (Schalotten), grob gehackt

Legen Sie das Lamm in eine Schüssel. 15 ml/1 EL Sojasauce, 15 ml/1 EL Wein oder Sherry und 15 ml/1 EL Öl mischen und mit dem Lamm mischen. 30 Minuten marinieren lassen. Das restliche Öl erhitzen und den Knoblauch anbraten, bis er leicht gebräunt ist. Das Fleisch abtropfen lassen, in die Pfanne geben und 3 Minuten garen. Frühlingszwiebel zugeben und 2

Minuten braten. Marinade und restliche Sojasauce sowie Wein oder Sherry hinzugeben und 3 Minuten kochen lassen.

Zarte Lammsteaks

für 4

450 g mageres Lamm
15 ml/1 Esslöffel Sojasauce
10 ml/2 TL Reiswein oder trockener Sherry
2,5 ml/¬Ω Teelöffel Salz
1 kleine Zwiebel, gehackt
45 ml/3 EL Erdnussöl (Erdnussöl)

Das Lamm in dünne Scheiben schneiden und in eine Schüssel geben. Sojasauce, Wein oder Sherry, Salz und Öl mischen, über das Lamm gießen, zugedeckt 1 Stunde marinieren. Gut abtropfen lassen. Das Öl erhitzen und das Lamm braten, bis es weich ist, etwa 2 Minuten.

Lammeintopf

für 4

45 ml/3 EL Erdnussöl (Erdnussöl)

2 Knoblauchzehen, zerdrückt

5 ml/1 Teelöffel Sojasauce

450 g mageres Lamm, gewürfelt

frisch gemahlener Pfeffer

30 ml/2 EL einfaches (Allzweck-)Mehl

300 ml/¬Ω pt/1-° Glas Wasser

15 ml/1 Esslöffel Tomatenmark (Paste)

1 Lorbeerblatt

100 g Champignons, halbiert

3 Karotten, in Viertel geschnitten

6 kleine Zwiebeln, in Viertel geschnitten

15 ml/1 Esslöffel Zucker

1 Sellerie, in Scheiben geschnitten

3 Kartoffeln, gewürfelt

15 ml/1 EL Reiswein oder trockener Sherry

50 Gramm Erbsen

15 ml/1 Esslöffel gehackte frische Petersilie

Die Hälfte des Öls erhitzen. Knoblauch und Sojasauce mit dem Lamm mischen und mit Pfeffer würzen. Braten Sie das Fleisch an, bis es leicht gebräunt ist. Mit Mehl bestäuben und unter Rühren kochen, bis das Mehl absorbiert ist. Wasser, Tomatenmark und Lorbeerblatt zugeben, aufkochen, abdecken und 30 Minuten köcheln lassen. Das restliche Öl erhitzen und die Pilze 3 Minuten braten, dann aus der Pfanne nehmen. Karotten und Zwiebeln in die Pfanne geben und 2 Minuten braten. Mit Zucker bestreuen und erhitzen, bis das Gemüse glänzt. Champignons, Karotten, Zwiebeln, Sellerie und Kartoffeln zum Eintopf geben, wieder zudecken und 1 Stunde köcheln lassen. Wein oder Sherry, Erbsen und Petersilie beigeben, zugedeckt weitere 30 Minuten köcheln lassen.

Lammbraten

für 4

350 g mageres Lamm, in Streifen geschnitten
1 Scheibe Ingwerwurzel, fein gehackt
3 Eier, geschlagen
45 ml/3 EL Erdnussöl (Erdnussöl)
2,5 ml/¬Ω Teelöffel Salz
5 ml/1 Teelöffel Reiswein oder trockener Sherry

Lamm, Ingwer und Eier mischen. Das Öl erhitzen und die Lammmischung 2 Minuten braten. Salz und Wein oder Sherry hinzufügen und 2 Minuten kochen lassen.

Geschmortes würziges Schweinefleisch

für 4

450 g gewürfeltes Schweinefleisch
Salz und Pfeffer
30 ml/2 Esslöffel Sojasauce
30 ml/2 Esslöffel Hoisin-Sauce
45 ml/3 EL Erdnussöl (Erdnussöl)

120 ml Reiswein oder trockener Sherry

300 ml/½ Pt/1¼ Tasse Hühnerbrühe

5 ml/1 Teelöffel Fünf-Gewürze-Pulver

6 Frühlingszwiebeln (Schalotten), gehackt

225 g Austernpilze, in Scheiben geschnitten

15 ml/1 Esslöffel Maismehl

Das Fleisch mit Salz und Pfeffer würzen. In eine Schüssel geben und mit Sojasauce und Hoisinsauce mischen. Abdecken und 1 Stunde beiseite stellen. Das Öl erhitzen und das Fleisch goldbraun braten. Wein oder Sherry, Brühe und Fünf-Gewürze-Pulver dazugeben, zum Kochen bringen, abdecken und 1 Stunde kochen lassen. Frühlingszwiebeln und Champignons dazugeben, Deckel abnehmen und weitere 4 Minuten garen. Das Maismehl mit etwas Wasser verrühren, erneut aufkochen und unter Rühren 3 Minuten kochen, bis die Sauce eindickt.

Gedämpfte Schweinefleischbrötchen

Macht 12

30 ml/2 Esslöffel Hoisin-Sauce

15 ml/1 Esslöffel Austernsauce

15 ml/1 Esslöffel Sojasauce

2,5 ml/½ Teelöffel Sesamöl

30 ml/2 EL Erdnussöl (Erdnussöl)

10 ml/2 Teelöffel geriebene Ingwerwurzel

1 Knoblauchzehe, zerdrückt

300 ml/½ pt/1¼ Tasse Wasser

15 ml/1 Esslöffel Maismehl

225 g gekochtes Schweinefleisch, fein gehackt

4 Frühlingszwiebeln (Schalotten), fein gehackt

350 g / 12 oz / 3 Tassen einfaches (Allzweck-)Mehl

15 ml/1 Esslöffel Backpulver

2,5 ml/½ Teelöffel Salz

50 g / 2 Unzen / ½ Tasse Schmalz

5 ml/1 Teelöffel Weinessig

12 x 13 cm / 5 in Pergamentquadraten

Mischen Sie die Hoisin-, Austern- und Sojasauce zusammen mit dem Sesamöl. Öl erhitzen und Ingwer und Knoblauch anbraten, bis sie leicht gebräunt sind. Die Saucenmischung zugeben und 2 Minuten braten. Mischen Sie 120 ml/4 fl oz/½ Tasse Wasser mit Maisstärke und mischen Sie es in der Pfanne. Unter Rühren zum Kochen bringen, dann köcheln lassen, bis die Mischung eindickt. Schweinefleisch und Zwiebel zugeben und abkühlen lassen.

Mehl, Backpulver und Salz mischen. Reiben Sie das Schmalz, bis die Masse feinen Semmelbröseln ähnelt. Den Weinessig mit dem restlichen Wasser verrühren und mit dem Mehl zu einem festen Teig verkneten. Auf einer bemehlten Fläche leicht kneten, abdecken und 20 Minuten beiseite stellen.

Den Teig nochmals durchkneten, dann in 12 Teile teilen und jeweils zu einer Kugel formen. Auf einer bemehlten Arbeitsfläche kreisrund auf 15 cm ausrollen. Geben Sie einen Esslöffel Füllung in die Mitte jedes Kreises, bestreichen Sie die Ränder mit Wasser und drücken Sie die Ränder zusammen, um die Füllung zu versiegeln. Bürsten Sie eine Seite jedes Pergamentquadrats mit Öl. Legen Sie jede Rollnaht mit der Seite nach unten auf ein Quadrat Papier. Ordnen Sie die Rollen in einer einzigen Schicht auf dem Dampfgargestell über dem kochenden Wasser an. Decken Sie die Brötchen ab und dämpfen Sie sie etwa 20 Minuten lang.

Schweinefleisch mit Kohl

für 4

6 getrocknete chinesische Pilze

30 ml/2 EL Erdnussöl (Erdnussöl)

450 g Schweinefleisch in Streifen geschnitten

2 Zwiebeln, in Scheiben geschnitten

2 rote Paprika, in Streifen geschnitten

350 g Weißkohl, gehackt

2 Knoblauchzehen, gehackt

2 Stängel Ingwer, gehackt

30 ml/2 Esslöffel Honig

45 ml/3 Esslöffel Sojasauce

120ml/4oz/½ Tasse trockener Weißwein

Salz und Pfeffer

10 ml/2 Teelöffel Maismehl

15 ml/1 Esslöffel Wasser

Die Pilze 30 Minuten in warmem Wasser einweichen, dann abgießen. Entsorgen Sie die Stiele und schneiden Sie die Kappen ab. Das Öl erhitzen und das Schweinefleisch anbraten, bis es leicht gebräunt ist. Gemüse, Knoblauch und Ingwer zugeben und 1 Minute braten. Honig, Sojasauce und Wein zugeben, zum Kochen bringen, abdecken und 40 Minuten garen, bis das Fleisch zart ist. Mit Salz und Pfeffer würzen. Maisstärke und Wasser mischen und in der Pfanne mischen. Unter ständigem Rühren kurz aufkochen, dann 1 Minute köcheln lassen.

Schweinefleisch mit Kohl und Tomaten

für 4

30 ml/2 EL Erdnussöl (Erdnussöl)
450 g mageres Schweinefleisch, in Streifen geschnitten
Salz und frisch gemahlener Pfeffer
1 Knoblauchzehe, zerdrückt
1 Zwiebel, fein gehackt
½ gehackter Kohl
450 g Tomaten, gehäutet und geviertelt
250ml / 8oz / 1 Tasse Brühe
30 ml/2 EL Maismehl (Maismehl)
15 ml/1 Esslöffel Sojasauce
60 ml/4 Esslöffel Wasser

Das Öl erhitzen und das Schweinefleisch, Salz, Pfeffer, Knoblauch und Zwiebel leicht anbraten. Kohl, Tomaten und Brühe zugeben, aufkochen, abdecken und 10 Minuten köcheln lassen, bis der Kohl weich ist. Maisstärke, Sojasauce und Wasser zu einer Paste verrühren, in einer Pfanne mischen und unter Rühren kochen, bis die Sauce klar und dickflüssig wird.

Mariniertes Schweinefleisch mit Kohl

für 4

350 g Schweinebauch

2 Frühlingszwiebeln (Schalotten), gehackt

1 Scheibe Ingwerwurzel, gehackt

1 Zimtstange

3 Nelken Sternanis

45 ml/3 Esslöffel brauner Zucker

600 ml/1 Punkt/2½ Tassen Wasser

15 ml/1 EL Erdnussöl (Erdnussöl)

15 ml/1 Esslöffel Sojasauce

5 ml/1 Teelöffel Tomatenmark (Paste)

5 ml/1 Teelöffel Austernsauce

100 g Chinakohlherzen

100 g Pak-Choi

Das Schweinefleisch in 10 cm große Stücke schneiden und in eine Schüssel geben. Frühlingszwiebeln, Ingwer, Zimt, Sternanis, Zucker und Wasser zugeben und 40 Minuten ziehen lassen. Das Öl erhitzen, das Schweinefleisch aus der Marinade nehmen und in die Pfanne geben. Braten, bis sie leicht gebräunt sind, dann Sojasauce, Tomatenmark und

Austernsauce hinzufügen. Zum Kochen bringen und etwa 30 Minuten köcheln lassen, bis das Schweinefleisch zart und weniger flüssig ist. Bei Bedarf beim Kochen noch etwas Wasser zugeben.

In der Zwischenzeit Kohl und Pak Choi in kochendem Wasser etwa 10 Minuten weich kochen. Auf einer vorgewärmten Platte anrichten, mit Schweinefleisch belegen und mit der Soße übergießen.

Schweinefleisch mit Sellerie

für 4

45 ml/3 EL Erdnussöl (Erdnussöl)
1 Knoblauchzehe, zerdrückt
1 Frühlingszwiebel (Schalotte), gehackt
1 Scheibe Ingwerwurzel, gehackt
225 g mageres Schweinefleisch, in Streifen geschnitten
100 g dünn geschnittener Sellerie
45 ml/3 Esslöffel Sojasauce
15 ml/1 EL Reiswein oder trockener Sherry
5 ml/1 Teelöffel Maismehl

Öl erhitzen und Knoblauch, Schnittlauch und Ingwer anbraten, bis sie leicht gebräunt sind. Fügen Sie das Schweinefleisch hinzu und braten Sie es 10 Minuten lang, bis es goldbraun ist. Sellerie dazugeben und 3 Minuten braten. Die restlichen Zutaten zugeben und 3 Minuten braten.

Schweinefleisch mit Kastanien und Pilzen

für 4

4 getrocknete chinesische Pilze
100 g / 4 oz / 1 Tasse Kastanien
30 ml/2 EL Erdnussöl (Erdnussöl)
2,5 ml/½ Teelöffel Salz
450 g mageres Schweinefleisch, gewürfelt
15 ml/1 Esslöffel Sojasauce
375 ml / 13 fl oz / 1½ Tassen Hühnerbrühe
100 g Wasserkastanien, in Scheiben geschnitten

Die Pilze 30 Minuten in warmem Wasser einweichen, dann abgießen. Entsorgen Sie die Stiele und schneiden Sie die Kappen in zwei Hälften. Die Kastanien 1 Minute in kochendem Wasser blanchieren, dann abgießen. Öl und Salz erhitzen und das Schweinefleisch anbraten, bis es leicht gebräunt ist. Sojasauce zugeben und 1 Minute braten. Brühe zugeben und aufkochen. Kastanien und Wasserkastanien dazugeben, nochmals aufkochen, zugedeckt ca. 1½ Stunden garen, bis das Fleisch weich ist.

Schweinefleisch Suey

für 4

100 g Bambussprossen, in Streifen geschnitten
100 g Wasserkastanien, in dünne Scheiben geschnitten
60 ml/4 EL Erdnussöl (Erdnussöl)
3 Frühlingszwiebeln (Schalotten), gehackt
2 Knoblauchzehen, zerdrückt
1 Scheibe Ingwerwurzel, gehackt
225 g mageres Schweinefleisch, in Streifen geschnitten
45 ml/3 Esslöffel Sojasauce
15 ml/1 EL Reiswein oder trockener Sherry
5 ml/1 Teelöffel Salz
5 ml/1 Teelöffel Zucker
frisch gemahlener Pfeffer
15 ml/1 Esslöffel Maismehl

Bambussprossen und Wasserkastanien in kochendem Wasser 2 Minuten blanchieren, abtropfen lassen und trocken tupfen. 45 ml/3 EL Öl erhitzen und Frühlingszwiebeln, Knoblauch und Ingwer leicht anbräunen. Schweinefleisch zugeben und 4 Minuten braten. Aus der Pfanne nehmen.

Das restliche Öl erhitzen und das Gemüse 3 Minuten braten. Schweinefleisch, Sojasauce, Wein oder Sherry, Salz, Zucker und eine Prise Pfeffer hinzugeben und 4 Minuten garen. Das Maismehl mit etwas Wasser mischen, in der Pfanne umrühren und köcheln lassen, bis die Sauce klar und dickflüssig wird.

Schweinefleisch

für 4

4 getrocknete chinesische Pilze
30 ml/2 EL Erdnussöl (Erdnussöl)
2,5 ml/½ Teelöffel Salz
4 Frühlingszwiebeln (Schalotten), gehackt
225 g mageres Schweinefleisch, in Streifen geschnitten
15 ml/1 Esslöffel Sojasauce
5 ml/1 Teelöffel Zucker
3 Selleriestangen, gehackt
1 Zwiebel in Achtel geschnitten
100 g Champignons, halbiert
120ml / 4oz / ½ Tasse Hühnerbrühe
weiche gebratene Nudeln

Die Pilze 30 Minuten in warmem Wasser einweichen, dann abgießen. Entsorgen Sie die Stiele und schneiden Sie die Kappen ab. Olivenöl und Salz erhitzen und die Frühlingszwiebeln darin weich dünsten. Fügen Sie das Schweinefleisch hinzu und braten Sie es leicht an, bis es leicht gebräunt ist. Rühren Sie Sojasauce, Zucker, Sellerie, Zwiebel und frische und getrocknete Pilze ein und kochen Sie, bis alles gut vermischt ist, etwa 4 Minuten. Die Brühe hinzugeben und 3 Minuten kochen. Die Hälfte der Nudeln in die Pfanne geben und vorsichtig mischen, dann die restlichen Nudeln hinzufügen und heiß rühren.

Schweinebraten Mein

für 4

100 Gramm Sojasprossen
45 ml/3 EL Erdnussöl (Erdnussöl)
100 g Chinakohl, gehackt
225 g Schweinebraten in Scheiben geschnitten
5 ml/1 Teelöffel Salz
15 ml/1 EL Reiswein oder trockener Sherry

Die Sojasprossen in kochendem Wasser 4 Minuten blanchieren, dann abgießen. Das Öl erhitzen und die Sojasprossen und den Kohl braten, bis sie weich sind. Schweinefleisch, Salz und Sherry hinzugeben und heiß kochen. Die Hälfte der abgetropften Nudeln in die Pfanne geben und vorsichtig mischen, bis sie durchgewärmt sind. Fügen Sie die restlichen Nudeln hinzu und rühren Sie, bis sie durchgewärmt sind.

Schweinefleisch-Chutney

für 4

5 ml/1 Teelöffel Fünf-Gewürze-Pulver
5 ml/1 Teelöffel Currypulver
450 g Schweinefleisch in Streifen geschnitten
30 ml/2 EL Erdnussöl (Erdnussöl)
6 Frühlingszwiebel(n), in Streifen geschnitten
1 Stange Sellerie, in Streifen geschnitten
100 Gramm Sojasprossen
1 x 200 g Glas chinesische süße Gurken, gewürfelt
45 ml/3 EL Mango-Chutney
30 ml/2 Esslöffel Sojasauce
30 ml/2 EL Tomatenmark (Paste)
150 ml / ¼ pt / eine großzügige ½ Tasse Hühnerbrühe
10 ml/2 Teelöffel Maismehl

Reiben Sie die Gewürze gut in das Schweinefleisch ein. Erhitzen Sie das Öl und braten Sie das Fleisch 8 Minuten lang oder bis es vollständig gekocht ist. Aus der Pfanne nehmen. Das Gemüse in die Pfanne geben und 5 Minuten braten. Das Schweinefleisch mit allen anderen Zutaten außer dem Maismehl in die Pfanne geben. Rühren, bis es heiß wird. Das

Maismehl mit etwas Wasser verrühren, in der Pfanne umrühren und köcheln lassen, bis die Sauce eindickt.

Schweinefleisch mit Gurke

für 4

225 g mageres Schweinefleisch, in Streifen geschnitten
30 ml/2 EL einfaches (Allzweck-)Mehl
Salz und frisch gemahlener Pfeffer
60 ml/4 EL Erdnussöl (Erdnussöl)
225 g Gurke, geschält und in Scheiben geschnitten
30 ml/2 Esslöffel Sojasauce

Das Schweinefleisch in Mehl wenden und mit Salz und Pfeffer würzen. Das Öl erhitzen und das Schweinefleisch etwa 5 Minuten weich braten. Gurke und Sojasauce hinzugeben und weitere 4 Minuten kochen. Prüfen und würzen und mit gebratenem Reis servieren.

Knusprige Schweinebrötchen

für 4

4 getrocknete chinesische Pilze
30 ml/2 EL Erdnussöl (Erdnussöl)
225 g Schweinefilet, gehackt (gehackt)
50 g geschälte Garnelen, gehackt
15 ml/1 Esslöffel Sojasauce
15 ml/1 Esslöffel Maismehl
30 ml/2 Esslöffel Wasser
8 Wrap-Frühlingsrollen
100 g / 4 oz / 1 Tasse Maismehl (Maismehl)
Frittieröl

Die Pilze 30 Minuten in warmem Wasser einweichen, dann abgießen. Die Stiele entfernen und die Kappen fein hacken. Das Öl erhitzen und die Pilze, das Schweinefleisch, die Garnelen und die Sojasauce 2 Minuten lang anbraten. Maismehl und Wasser zu einer Paste verrühren und unter die Mischung mischen, um die Füllung herzustellen.

Wraps in Streifen schneiden, mit etwas Füllung bestreichen und zu Dreiecken rollen, mit etwas Mehl und Wasser verschließen. Großzügig mit Maismehl bestreuen. Das Öl erhitzen und die Dreiecke frittieren, bis sie knusprig und goldbraun sind. Vor dem Servieren gut abseihen.

Schweinefleisch Eierbrötchen

für 4

225 g mageres Schweinefleisch, gehackt

1 Scheibe Ingwerwurzel, gehackt

1 Frühlingszwiebel, gehackt

15 ml/1 Esslöffel Sojasauce

15 ml/1 Esslöffel Wasser

12 Frühlingsrollen von Skins

1 Ei, geschlagen

Frittieröl

Schweinefleisch, Ingwer, Zwiebel, Sojasauce und Wasser mischen. Etwas Füllung in die Mitte jedes Bodens geben und die Ränder mit einem verquirlten Ei bestreichen. Falten Sie die Seiten und rollen Sie die Frühlingsrollen von sich weg und versiegeln Sie die Ränder mit dem Ei. Auf dem Rost 30 Minuten dämpfen, bis das Schweinefleisch zart ist. Das Öl erhitzen und einige Minuten braten, bis es knusprig und goldbraun ist.

Eierbrötchen mit Schweinefleisch und Garnelen

für 4

30 ml/2 EL Erdnussöl (Erdnussöl)

225 g mageres Schweinefleisch, gehackt

6 Frühlingszwiebeln (Schalotten), gehackt

225 g Sojasprossen

100 g geschälte Garnelen, gehackt

15 ml/1 Esslöffel Sojasauce

2,5 ml/½ Teelöffel Salz

12 Frühlingsrollen von Skins

1 Ei, geschlagen

Frittieröl

Das Öl erhitzen und das Schweinefleisch und die Schalotten braten, bis sie leicht gebräunt sind. In der Zwischenzeit die Sojasprossen 2 Minuten in kochendem Wasser blanchieren, dann abgießen. Die Sojasprossen in die Pfanne geben und 1 Minute braten. Garnelen, Sojasauce und Salz hinzugeben und 2 Minuten braten. abkühlen lassen.

Etwas Füllung in die Mitte jedes Bodens geben und die Ränder mit einem verquirlten Ei bestreichen. Die Seiten einklappen, dann die Frühlingsrollen aufrollen und die Ränder mit einem Ei verschließen. Das Öl erhitzen und die Frühlingsrollen frittieren, bis sie knusprig und goldbraun sind.

Geschmortes Schweinefleisch mit Ei

für 4

450 g mageres Schweinefleisch
30 ml/2 EL Erdnussöl (Erdnussöl)
1 Zwiebel, gehackt
90 ml/6 Esslöffel Sojasauce
45 ml/3 EL Reiswein oder trockener Sherry
15 ml/1 Esslöffel brauner Zucker
3 hart gekochte Eier (hart gekocht)

Wasser in einem Topf aufkochen, Schweinefleisch hinzugeben, erneut aufkochen und zugedeckt kochen. Aus der Pfanne nehmen, gut abtropfen lassen, dann in Würfel schneiden. Das Öl erhitzen und die Zwiebel darin glasig dünsten. Fügen Sie das Schweinefleisch hinzu und braten Sie es leicht an, bis es leicht gebräunt ist. Sojasauce, Wein oder Sherry und Zucker zugeben, abdecken und 30 Minuten köcheln lassen, gelegentlich umrühren. Die Eier außen leicht einritzen, dann in einen Topf geben, abdecken und weitere 30 Minuten köcheln lassen.

Feuer Schweinefleisch

für 4

450 g Schweinefilet, in Streifen geschnitten
30 ml/2 Esslöffel Sojasauce
30 ml/2 Esslöffel Hoisin-Sauce
5 ml/1 Teelöffel Fünf-Gewürze-Pulver
15 ml/1 Esslöffel Pfeffer
15 ml/1 Esslöffel brauner Zucker
15 ml/1 Esslöffel Sesamöl
30 ml/2 EL Erdnussöl (Erdnussöl)
6 Frühlingszwiebeln (Schalotten), gehackt
1 grüne Paprika, in Stücke geschnitten
200 g Sojasprossen
2 Scheiben Ananas, gewürfelt
45 ml/3 Esslöffel Ketchup (Katsupu)
150 ml / ¼ pt / eine großzügige ½ Tasse Hühnerbrühe

Das Fleisch in die Schüssel geben. Sojasauce, Hoisinsauce, Fünf-Gewürze-Pulver, Pfeffer und Zucker mischen, über das Fleisch gießen und 1 Stunde marinieren lassen. Das Öl erhitzen und das Fleisch goldbraun braten. Aus der Pfanne nehmen. Gemüse zugeben und 2 Minuten braten. Ananas,

Tomatenketchup und Brühe dazugeben und zum Kochen bringen. Das Fleisch in die Pfanne geben und vor dem Servieren erhitzen.

Gebratene Schweinefilets

für 4

350 g Schweinefilet, gewürfelt
15 ml/1 EL Reiswein oder trockener Sherry
15 ml/1 Esslöffel Sojasauce
5 ml/1 Teelöffel Sesamöl
30 ml/2 EL Maismehl (Maismehl)
Frittieröl

Mischen Sie Schweinefleisch, Wein oder Sherry, Sojasauce, Sesamöl und Maismehl, sodass das Schweinefleisch mit einem dicken Teig überzogen ist. Das Öl erhitzen und das Schweinefleisch ca. 3 Minuten knusprig braten. Das Schweinefleisch aus der Pfanne nehmen, das Öl erhitzen und weitere 3 Minuten braten.

Schweinefleisch fünf Gewürze

für 4

225 g mageres Schweinefleisch
5 ml/1 Teelöffel Maismehl
2,5 ml/½ Teelöffel Fünf-Gewürze-Pulver
2,5 ml/½ Teelöffel Salz
15 ml/1 EL Reiswein oder trockener Sherry
20 ml/2 EL Erdnussöl (Erdnussöl)
120ml / 4oz / ½ Tasse Hühnerbrühe

Das Schweinefleisch in dünne Scheiben schneiden. Mischen Sie das Schweinefleisch mit Maisstärke, Fünf-Gewürze-Pulver, Salz und Wein oder Sherry und mischen Sie es gut, um das Schweinefleisch zu beschichten. 30 Minuten beiseite stellen, gelegentlich umrühren. Das Öl erhitzen, das Schweinefleisch dazugeben und ca. 3 Minuten braten. Brühe zugeben, zum Kochen bringen, abdecken und 3 Minuten kochen lassen. Sofort servieren.

Geschmortes duftendes Schweinefleisch

6-8 Portionen

1 Stück Mandarinenschale

45 ml/3 EL Erdnussöl (Erdnussöl)

900 g mageres Schweinefleisch, gewürfelt

250ml/8oz/1 Tasse Reiswein oder trockener Sherry

120ml/4oz/½ Tasse Sojasauce

2,5 ml/½ Teelöffel Anispulver

½ Zimtstange

4 Nelken

5 ml/1 Teelöffel Salz

250ml / 8oz / 1 Tasse Wasser

2 Frühlingszwiebeln (Schalotten), in Scheiben geschnitten

1 Scheibe Ingwerwurzel, gehackt

Während der Zubereitung des Gerichts die Mandarinenschale in Wasser einweichen. Das Öl erhitzen und das Schweinefleisch anbraten, bis es leicht gebräunt ist. Wein oder Sherry, Sojasauce, Anispulver, Zimt, Nelken, Salz und Wasser hinzugeben. Aufkochen, Mandarinenschale, Frühlingszwiebeln und Ingwer hinzugeben. Abdecken und kochen, bis sie weich sind, etwa 1½ Stunden, gelegentlich umrühren und bei Bedarf etwas kochendes Wasser hinzufügen. Gewürze vor dem Servieren entfernen.

Schweinefleisch mit gehacktem Knoblauch

für 4

450 g Schweinebauch, ohne Haut
3 Scheiben Ingwerwurzel
2 Frühlingszwiebeln (Schalotten), gehackt
30 ml/2 EL gehackter Knoblauch
30 ml/2 Esslöffel Sojasauce
5 ml/1 Teelöffel Salz
15 ml/1 EL Hühnerbrühe
2,5 ml/½ Teelöffel Chiliöl
4 Zweige Koriander

Das Schweinefleisch mit Ingwer und Frühlingszwiebeln in eine Pfanne geben, mit Wasser aufgießen, zum Kochen bringen und 30 Minuten dünsten, bis es weich ist. Herausnehmen und gut abtropfen lassen, dann in dünne Scheiben von ca. 5 cm² schneiden. Legen Sie die Scheiben in ein Metallsieb. Wasser in einem Topf aufkochen, Schweinefleischscheiben hinzugeben und 3 Minuten heiß garen. Auf eine vorgewärmte Servierplatte legen. Knoblauch, Sojasauce, Salz, Brühe und Chiliöl mischen und einen Löffel über das Schweinefleisch gießen. Mit Koriander garniert servieren.

Gebratenes Schweinefleisch mit Ingwer

für 4

225 g mageres Schweinefleisch
5 ml/1 Teelöffel Maismehl
30 ml/2 Esslöffel Sojasauce
30 ml/2 EL Erdnussöl (Erdnussöl)
1 Scheibe Ingwerwurzel, gehackt
1 Frühlingszwiebel (geschälte Zwiebel), in Scheiben geschnitten
45 ml/3 Esslöffel Wasser
5 ml/1 Teelöffel brauner Zucker

Das Schweinefleisch in dünne Scheiben schneiden. Maismehl einrühren, dann mit Sojasauce beträufeln und nochmals mischen. Das Öl erhitzen und das Schweinefleisch 2 Minuten braten, bis es versiegelt ist. Ingwer und Frühlingszwiebeln zugeben und 1 Minute anbraten. Wasser und Zucker zugeben, abdecken und etwa 5 Minuten köcheln lassen.

Schweinefleisch mit grünen Bohnen

für 4

450 g grüne Bohnen, in Stücke geschnitten
30 ml/2 EL Erdnussöl (Erdnussöl)
2,5 ml/½ Teelöffel Salz
1 Scheibe Ingwerwurzel, gehackt
225 g mageres Schweinefleisch, gehackt (gehackt)
120ml / 4oz / ½ Tasse Hühnerbrühe
75 ml/5 Esslöffel Wasser
2 Eier
15 ml/1 Esslöffel Maismehl

Die Bohnen etwa 2 Minuten kochen, dann abgießen. Das Öl erhitzen und das Salz und den Ingwer einige Sekunden anbraten. Fügen Sie das Schweinefleisch hinzu und braten Sie es leicht an, bis es leicht gebräunt ist. Bohnen hinzufügen und 30 Sekunden braten, mit Öl bestreichen. Brühe zugeben, zum Kochen bringen, abdecken und 2 Minuten köcheln lassen. 30

ml/2 EL Wasser mit Eiern verquirlen und in der Pfanne mischen. Das restliche Wasser mit der Maisstärke mischen. Wenn die Eier hart werden, die Maisstärke einrühren und kochen, bis die Mischung eindickt. Sofort servieren.

Schweinefleisch mit Schinken und Tofu

für 4

4 getrocknete chinesische Pilze
5 ml/1 Teelöffel Erdnussöl (Erdnussöl)
100 g geräucherter Schinken, in Scheiben geschnitten
225 g geschnittener Tofu
225 g mageres Schweinefleisch, in Scheiben geschnitten
15 ml/1 EL Reiswein oder trockener Sherry
Salz und frisch gemahlener Pfeffer
1 Scheibe Ingwerwurzel, gehackt
1 Frühlingszwiebel (Schalotte), gehackt
10 ml/2 Teelöffel Maismehl
30 ml/2 Esslöffel Wasser

Die Pilze 30 Minuten in warmem Wasser einweichen, dann abgießen. Entsorgen Sie die Stiele und schneiden Sie die Kappen in zwei Hälften. Reiben Sie eine ofenfeste Schüssel mit Erdnussöl ein. Pilze, Schinken, Tofu und Schweinefleisch mit dem Schweinefleisch darauf schichten. Mit Wein oder Sherry, Salz und Pfeffer, Ingwer und Frühlingszwiebeln bestreuen. Zugedeckt auf einem Rost über kochendem Wasser etwa 45 Minuten köcheln lassen, bis es gar ist. Die Sauce aus der Schüssel abseihen, ohne die Zutaten zu stören. Fügen Sie genug Wasser hinzu, um 250 ml/8 fl oz/1 Tasse herzustellen. Maisstärke mit dem Wasser verrühren und mit der Soße verrühren. In die Schüssel geben und unter Rühren kochen, bis die Sauce klar und eingedickt ist.

Gebratene Schweinefleischspieße

für 4

450 g Schweinefilet, in dünne Scheiben geschnitten
100 g gekochter Schinken, in dünne Scheiben geschnitten
6 Wasserkastanien, in dünne Scheiben geschnitten
30 ml/2 Esslöffel Sojasauce
30 ml/2 Esslöffel Weinessig
15 ml/1 Esslöffel brauner Zucker
15 ml/1 Esslöffel Austernsauce
ein paar Tropfen Chiliöl
45 ml/3 Esslöffel Maismehl
30 ml/2 EL Reiswein oder trockener Sherry
2 Eier, geschlagen
Frittieröl

Schweinefleisch, Schinken und Wasserkastanien abwechselnd auf kleine Spieße schichten. Sojasauce, Essig, Zucker, Austernsauce und Chiliöl mischen. Über die Kebabs gießen, abdecken und 3 Stunden lang im Kühlschrank marinieren. Maismehl, Wein oder Sherry und Eier zu einem glatten, dicken Teig verrühren. Drehen Sie die Kebabs im Teig, um sie zu überziehen. Das Öl erhitzen und die Spieße goldbraun braten.

Schweinshaxe in roter Soße geschmort

für 4

1 großer Knöchel

1L/1½ pts/4¼ Tassen kochendes Wasser

5 ml/1 Teelöffel Salz

120 ml Weinessig

120ml/4oz/½ Tasse Sojasauce

45 ml/3 Esslöffel Honig

5 ml/1 Teelöffel Wacholderbeeren

5 ml/1 Teelöffel Anis

5 ml/1 Teelöffel Koriander

60 ml/4 EL Erdnussöl (Erdnussöl)

6 Frühlingszwiebel(n), in Scheiben geschnitten

2 Karotten, in dünne Scheiben geschnitten

1 Sellerie, in Scheiben geschnitten

45 ml/3 Esslöffel Hoisin-Sauce

30 ml/2 EL Mango-Chutney

75 ml/5 Esslöffel Tomatenmark (Paste)
1 Knoblauchzehe, zerdrückt
60 ml/4 EL gehackter Schnittlauch

Die Haxe mit Wasser, Salz, Weinessig, 45 ml/3 EL Sojasauce, Honig und Gewürzen aufkochen. Gemüse zugeben, nochmals aufkochen, zugedeckt ca. 1½ Stunden köcheln lassen, bis das Fleisch weich ist. Fleisch und Gemüse aus der Pfanne nehmen, Fleisch von den Knochen lösen und in Würfel schneiden. Das Öl erhitzen und das Fleisch goldbraun braten. Gemüse zugeben und 5 Minuten braten. Restliche Sojasauce, Hoisinsauce, Chutney, Tomatenmark und Knoblauch dazugeben. Unter Rühren zum Kochen bringen, dann 3 Minuten köcheln lassen. Mit Schnittlauch bestreut servieren.

Mariniertes Schweinefleisch

für 4

450 g mageres Schweinefleisch

1 Scheibe Ingwerwurzel, gehackt

1 Knoblauchzehe, zerdrückt

90 ml/6 Esslöffel Sojasauce

15 ml/1 EL Reiswein oder trockener Sherry

45 ml/3 EL Erdnussöl (Erdnussöl)

1 Frühlingszwiebel (geschälte Zwiebel), in Scheiben geschnitten

15 ml/1 Esslöffel brauner Zucker

frisch gemahlener Pfeffer

Schweinefleisch mit Ingwer, Knoblauch, 30 ml/2 EL Sojasauce und Wein oder Sherry mischen. 30 Minuten stehen lassen, gelegentlich umrühren, dann das Fleisch aus der Marinade nehmen. Das Öl erhitzen und das Schweinefleisch anbraten, bis es leicht gebräunt ist. Schnittlauch, Zucker, restliche Sojasauce und eine Prise Pfeffer zugeben, abdecken und etwa 45 Minuten köcheln lassen, bis das Schweinefleisch zart ist. Das Schweinefleisch würfeln und servieren.

Marinierte Schweinekoteletts

für 6

6 Schweinekoteletts
1 Scheibe Ingwerwurzel, gehackt
1 Knoblauchzehe, zerdrückt
90 ml/6 Esslöffel Sojasauce
30 ml/2 EL Reiswein oder trockener Sherry
45 ml/3 EL Erdnussöl (Erdnussöl)
2 Frühlingszwiebeln (Schalotten), gehackt
15 ml/1 Esslöffel brauner Zucker
frisch gemahlener Pfeffer

Den Knochen von den Schweinekoteletts entfernen und das Fleisch in Würfel schneiden. Ingwer, Knoblauch, 30 ml/2 EL Sojasauce und Wein oder Sherry mischen, über das Schweinefleisch gießen und unter gelegentlichem Rühren 30 Minuten ziehen lassen. Das Fleisch aus der Marinade nehmen. Das Öl erhitzen und das Schweinefleisch anbraten, bis es leicht gebräunt ist. Frühlingszwiebel zugeben und 1 Minute braten. Die restliche Sojasauce mit dem Zucker und einer Prise Pfeffer verrühren. Die Soße hinzugeben, zum Kochen bringen, abdecken und etwa 30 Minuten köcheln lassen, bis das Schweinefleisch zart ist.

Schweinefleisch mit Pilzen

für 4

25 g getrocknete chinesische Pilze

30 ml/2 EL Erdnussöl (Erdnussöl)

1 Knoblauchzehe, gehackt

225 g mageres Schweinefleisch, in Streifen geschnitten

4 Frühlingszwiebeln (Schalotten), gehackt

15 ml/1 Esslöffel Sojasauce

15 ml/1 EL Reiswein oder trockener Sherry

5 ml/1 Teelöffel Sesamöl

Die Pilze 30 Minuten in warmem Wasser einweichen, dann abgießen. Entsorgen Sie die Stiele und schneiden Sie die Kappen ab. Das Öl erhitzen und den Knoblauch anbraten, bis er leicht gebräunt ist. Schweinefleisch hinzufügen und braten, bis es gebräunt ist. Frühlingszwiebeln, Champignons, Sojasauce, Wein oder Sherry zugeben und 3 Minuten garen. Sesamöl hinzugeben und sofort servieren.

Gedämpfte Fleischpastete

für 4

450 g Schweinehack (

4 Wasserkastanien, fein gehackt

225 g Champignons, fein gehackt

5 ml/1 Teelöffel Sojasauce

Salz und frisch gemahlener Pfeffer

1 Ei, leicht geschlagen

Alle Zutaten gut vermischen und auf einer hitzebeständigen Platte zu einem Teig formen. Den Teller auf den Rost im Dampfgarer stellen, abdecken und 1½ Stunden dämpfen.

Rotes Schweinefleisch mit Pilzen gekocht

für 4

450 g mageres Schweinefleisch, gewürfelt
250ml / 8oz / 1 Tasse Wasser
15 ml/1 Esslöffel Sojasauce
15 ml/1 EL Reiswein oder trockener Sherry
5 ml/1 Teelöffel Zucker
5 ml/1 Teelöffel Salz
225 Gramm Pilze

Schweinefleisch und Wasser in einen Topf geben und das Wasser zum Kochen bringen. Zugedeckt 30 Minuten garen, abgießen und die Brühe auffangen. Legen Sie das Schweinefleisch in die Pfanne und fügen Sie die Sojasauce hinzu. Bei schwacher Hitze unter Rühren köcheln lassen, bis die Sojasauce absorbiert ist. Wein oder Sherry, Zucker und Salz zugeben. Mit der aufgefangenen Brühe aufgießen, aufkochen und zugedeckt etwa 30 Minuten köcheln lassen, dabei das Fleisch gelegentlich wenden. Die Pilze dazugeben und weitere 20 Minuten garen.

Schweinefleisch mit Nudelpfannkuchen

für 4

30 ml/2 EL Erdnussöl (Erdnussöl)
5 ml/2 Teelöffel Salz
225 g mageres Schweinefleisch, in Streifen geschnitten
225 g Chinakohl, gehackt
100 g Bambussprossen, gehackt

100 g Champignons in dünne Scheiben schneiden

150 ml / ¼ pt / eine großzügige ½ Tasse Hühnerbrühe

10 ml/2 Teelöffel Maismehl

15 ml/1 EL Reiswein oder trockener Sherry

15 ml/1 Esslöffel Wasser

Nudelpfannkuchen

Das Öl erhitzen und das Salz und das Schweinefleisch anbraten, bis es leicht gebräunt ist. Kohl, Bambussprossen und Pilze dazugeben und 1 Minute braten. Brühe hinzufügen, zum Kochen bringen, abdecken und 4 Minuten kochen lassen oder bis das Schweinefleisch zart ist. Das Maismehl mit dem Wein oder Sherry und Wasser zu einer Paste verrühren, in der Pfanne umrühren und unter Rühren kochen, bis die Sauce klar und dickflüssig ist. Zum Servieren über Pfannkuchen mit Nudeln gießen.

Schweinefleisch und Garnelen mit Pfannkuchen mit Nudeln

für 4

30 ml/2 EL Erdnussöl (Erdnussöl)

5 ml/1 Teelöffel Salz

4 Frühlingszwiebeln (Schalotten), gehackt

1 Knoblauchzehe, zerdrückt

225 g mageres Schweinefleisch, in Streifen geschnitten

100 g geschnittene Champignons

4 Stangen Sellerie, in Scheiben geschnitten

225 g geschälte Garnelen

30 ml/2 Esslöffel Sojasauce

10 ml/1 Teelöffel Maismehl

45 ml/3 Esslöffel Wasser

Nudelpfannkuchen

Öl und Salz erhitzen und Frühlingszwiebeln und Knoblauch darin weich dünsten. Fügen Sie das Schweinefleisch hinzu und braten Sie es leicht an, bis es leicht gebräunt ist. Champignons und Sellerie dazugeben und 2 Minuten braten. Garnelen hinzufügen, mit Sojasauce bestreuen und heiß rühren. Maisstärke und Wasser zu einer Paste verrühren, in einer Pfanne mischen und unter Rühren kochen, bis sie heiß ist. Zum Servieren über Pfannkuchen mit Nudeln gießen.

Schweinefleisch mit Austernsauce

Für 4-6

450 g mageres Schweinefleisch
15 ml/1 Esslöffel Maismehl
10 ml/2 TL Reiswein oder trockener Sherry
eine Prise Zucker
45 ml/3 EL Erdnussöl (Erdnussöl)
10 ml/2 Teelöffel Wasser
30 ml/2 Esslöffel Austernsauce
frisch gemahlener Pfeffer
1 Scheibe Ingwerwurzel, gehackt
60 ml/4 EL Hühnerbrühe

Das Schweinefleisch in dünne Scheiben schneiden. 5 ml / 1 TL Maisstärke mit Wein oder Sherry, Zucker und 5 ml / 1 TL Öl mischen, zum Schweinefleisch geben und gut mischen. Restliche Maisstärke mit Wasser, Austernsauce und einer Prise Pfeffer verrühren. Das restliche Öl erhitzen und den Ingwer 1 Minute anbraten. Fügen Sie das Schweinefleisch hinzu und braten Sie es leicht an, bis es leicht gebräunt ist. Brühe und Wasser der Austernsauce hinzufügen, zum Kochen bringen, abdecken und 3 Minuten köcheln lassen.

Schweinefleisch mit Erdnüssen

für 4

450 g mageres Schweinefleisch, gewürfelt

15 ml/1 Esslöffel Maismehl

5 ml/1 Teelöffel Salz

1 Eiweiß

3 Frühlingszwiebeln (Schalotten), gehackt

1 Knoblauchzehe, gehackt

1 Scheibe Ingwerwurzel, gehackt

45 ml/3 EL Hühnerbrühe

15 ml/1 EL Reiswein oder trockener Sherry

15 ml/1 Esslöffel Sojasauce

10 ml/2 Teelöffel schwarzer Sirup

45 ml/3 EL Erdnussöl (Erdnussöl)

½ Gurke gewürfelt

25 g geschälte Erdnüsse

5 ml/1 Teelöffel Chiliöl

Mischen Sie das Schweinefleisch mit der Hälfte der Maisstärke, Salz und Eiweiß und mischen Sie es gut, um das Schweinefleisch zu bedecken. Die restliche Maisstärke mit Schalotten, Knoblauch, Ingwer, Brühe, Wein oder Sherry,

Sojasauce und Sirup mischen. Das Öl erhitzen und das Schweinefleisch anbraten, bis es leicht gebräunt ist, dann aus der Pfanne nehmen. Die Gurke in die Pfanne geben und einige Minuten braten. Das Schweinefleisch in die Pfanne geben und vorsichtig mischen. Die Gewürzmischung hinzufügen, zum Kochen bringen und bei schwacher Hitze kochen, bis die Sauce klar und eingedickt ist. Erdnüsse und Chiliöl einrühren und vor dem Servieren erhitzen.

Schweinefleisch mit Paprika

für 4

45 ml/3 EL Erdnussöl (Erdnussöl)
225 g mageres Schweinefleisch, gewürfelt
1 Zwiebel, gewürfelt
2 grüne Paprika, gewürfelt
½ Kopf Chinablätter, gewürfelt
1 Scheibe Ingwerwurzel, gehackt
15 ml/1 Esslöffel Sojasauce
15 ml/1 Esslöffel Zucker
2,5 ml/½ Teelöffel Salz

Das Öl erhitzen und das Schweinefleisch etwa 4 Minuten goldbraun braten. Die Zwiebel hinzugeben und etwa 1 Minute braten. Paprika zugeben und 1 Minute braten. Chinesische Blätter hinzugeben und 1 Minute braten. Restliche Zutaten mischen, in der Pfanne mischen und weitere 2 Minuten braten.

Würziges Schweinefleisch mit Gurken

für 4

900 g Schweinekoteletts

30 ml/2 EL Maismehl (Maismehl)

45 ml/3 Esslöffel Sojasauce

30 ml/2 EL süßer Sherry

5 ml/1 Teelöffel geriebene Ingwerwurzel

2,5 ml/½ Teelöffel Fünf-Gewürze-Pulver

Eine Prise frisch gemahlener Pfeffer

Frittieröl

60 ml/4 EL Hühnerbrühe

Chinesisch eingelegtes Gemüse

Schneiden Sie die Koteletts und entfernen Sie alles Fett und Knochen. Maismehl, 30 ml/2 EL Sojasauce, Sherry, Ingwer, Fünf-Gewürze-Pulver und Pfeffer mischen. Über das Schweinefleisch gießen und umrühren, bis es vollständig bedeckt ist. Zugedeckt 2 Stunden marinieren lassen, dabei gelegentlich wenden. Das Öl erhitzen und das Schweinefleisch goldbraun braten und braten. Auf Küchenpapier abtropfen lassen. Das Schweinefleisch in dicke Scheiben schneiden, in eine vorgewärmte Servierschüssel geben und warm stellen. Kombinieren Sie die Brühe und die restliche Sojasauce in einem kleinen Topf. Kochen und über das gehackte Schweinefleisch gießen. Mit Mixed Pickles garniert servieren.

Schweinefleisch mit Pflaumensauce

für 4

450 g Schweinefleischeintopf, gewürfelt
2 Knoblauchzehen, zerdrückt
Salz-
60 ml/4 Esslöffel Ketchup (Katsupu)
30 ml/2 Esslöffel Sojasauce
45 ml/3 Esslöffel Pflaumensauce
5 ml/1 Teelöffel Currypulver
5 ml/1 Teelöffel Paprika
2,5 ml/½ Teelöffel frisch gemahlener Pfeffer
45 ml/3 EL Erdnussöl (Erdnussöl)
6 Frühlingszwiebel(n), in Streifen geschnitten
4 Karotten, in Streifen geschnitten

Das Fleisch mit Knoblauch, Salz, Tomatenketchup, Sojasauce, Pflaumensauce, Currypulver, Paprika und Pfeffer 30 Minuten marinieren. Das Öl erhitzen und das Fleisch anbraten, bis es leicht gebräunt ist. Aus dem Wok nehmen. Das Gemüse in das Öl geben und braten, bis es weich ist. Das Fleisch in die Pfanne geben und vor dem Servieren leicht erhitzen.

Schweinefleisch mit Garnelen

6-8 Portionen

900 g mageres Schweinefleisch
30 ml/2 EL Erdnussöl (Erdnussöl)
1 Zwiebel, in Scheiben geschnitten
1 Frühlingszwiebel (Schalotte), gehackt
2 Knoblauchzehen, zerdrückt
30 ml/2 Esslöffel Sojasauce
50 g geschälte Garnelen, gehackt
(Boden)
600 ml/1 Stück/2½ Tassen kochendes Wasser
15 ml/1 Esslöffel Zucker

Wasser in einem Topf aufkochen, Schweinefleisch dazugeben, abdecken und 10 Minuten garen. Aus der Pfanne nehmen und gut abtropfen lassen, dann in Würfel schneiden. Öl erhitzen und Zwiebel, Schnittlauch und Knoblauch anbraten, bis sie leicht gebräunt sind. Schweinefleisch hinzufügen und braten, bis es leicht gebräunt ist. Sojasauce und Garnelen zugeben und 1 Minute braten. Kochendes Wasser und Zucker hinzugeben, abdecken und etwa 40 Minuten köcheln lassen, bis das Schweinefleisch zart ist.

Rot gekochtes Schweinefleisch

für 4

675 g mageres Schweinefleisch, gewürfelt
250ml / 8oz / 1 Tasse Wasser
1 Scheibe Ingwerwurzel, zerdrückt
60 ml/4 Esslöffel Sojasauce
15 ml/1 EL Reiswein oder trockener Sherry
5 ml/1 Teelöffel Salz
10 ml/2 Teelöffel brauner Zucker

Schweinefleisch und Wasser in einen Topf geben und das Wasser zum Kochen bringen. Ingwer, Sojasauce, Sherry und Salz zugeben, abdecken und 45 Minuten garen. Den Zucker hinzugeben, das Fleisch wenden, zugedeckt weitere 45 Minuten köcheln lassen, bis das Schweinefleisch weich ist.

Schweinefleisch in roter Soße

für 4

30 ml/2 EL Erdnussöl (Erdnussöl)
225 g Schweinenieren, in Streifen geschnitten
450 g Schweinefleisch in Streifen geschnitten
1 Zwiebel, in Scheiben geschnitten
4 Frühlingszwiebeln (Frühlingszwiebeln), in Streifen geschnitten
2 Karotten, in Streifen geschnitten
1 Stange Sellerie, in Streifen geschnitten
1 rote Paprika, in Streifen geschnitten
45 ml/3 Esslöffel Sojasauce
45 ml/3 Esslöffel trockener Weißwein
300 ml/½ Pt/1¼ Tasse Hühnerbrühe
30 ml/2 Esslöffel Pflaumensauce
30 ml/2 Esslöffel Weinessig
5 ml/1 Teelöffel Fünf-Gewürze-Pulver
5 ml/1 Teelöffel brauner Zucker
15 ml/1 Esslöffel Maismehl
15 ml/1 Esslöffel Wasser

Das Öl erhitzen und die Nieren 2 Minuten braten, dann aus der Pfanne nehmen. Das Öl erhitzen und das Schweinefleisch anbraten, bis es leicht gebräunt ist. Gemüse zugeben und 3 Minuten braten. Sojasauce, Wein, Brühe, Pflaumensauce, Essig, Fünf-Gewürze-Pulver und Zucker hinzugeben, zum Kochen bringen, abdecken und 30 Minuten kochen lassen, bis sie weich sind. Nieren hinzufügen. Maisstärke und Wasser mischen und in der Pfanne mischen. Zum Kochen bringen, dann unter Rühren köcheln lassen, bis die Sauce eindickt.

Schweinefleisch mit Reisnudeln

für 4

4 getrocknete chinesische Pilze
100 g Reisnudeln
225 g mageres Schweinefleisch, in Streifen geschnitten
15 ml/1 Esslöffel Maismehl
15 ml/1 Esslöffel Sojasauce
15 ml/1 EL Reiswein oder trockener Sherry
45 ml/3 EL Erdnussöl (Erdnussöl)
2,5 ml/½ Teelöffel Salz
1 Scheibe Ingwerwurzel, gehackt
2 Stangen Sellerie, gehackt
120ml / 4oz / ½ Tasse Hühnerbrühe
2 Frühlingszwiebeln (Schalotten), in Scheiben geschnitten

Die Pilze 30 Minuten in warmem Wasser einweichen, dann abgießen. Entsorgen Sie die Stiele und schneiden Sie die Kappen ab. Die Nudeln 30 Minuten in warmem Wasser einweichen, dann abtropfen lassen und in 5 cm/2 Stücke schneiden. Das Schweinefleisch in eine Schüssel geben.

Maisstärke, Sojasauce und Wein oder Sherry mischen, über das Schweinefleisch gießen und schwenken. Das Öl erhitzen und das Salz und den Ingwer einige Sekunden anbraten. Fügen Sie das Schweinefleisch hinzu und braten Sie es leicht an, bis es leicht gebräunt ist. Champignons und Sellerie dazugeben und 1 Minute braten. Brühe zugeben, zum Kochen bringen, abdecken und 2 Minuten köcheln lassen. Nudeln zugeben und 2 Minuten erhitzen. Frühlingszwiebeln dazugeben und sofort servieren.

Reichhaltige Schweinebällchen

für 4

450 g Schweinehack (
100 g Tofu, püriert
4 Wasserkastanien, fein gehackt
Salz und frisch gemahlener Pfeffer
120 ml / 4 fl oz / ½ Tasse Erdnussöl (Erdnussöl)
1 Scheibe Ingwerwurzel, gehackt
600 ml/1 Stück/2½ Tassen Hühnerbrühe
15 ml/1 Esslöffel Sojasauce
5 ml/1 Teelöffel brauner Zucker
5 ml/1 Teelöffel Reiswein oder trockener Sherry

Schweinefleisch, Tofu und Kastanien mischen, mit Salz und Pfeffer würzen. Große Kugeln formen. Das Öl erhitzen und die Schweinebällchen von allen Seiten goldbraun braten, dann aus der Pfanne nehmen. Das Öl bis auf 15 ml/1 Esslöffel abseihen und Ingwer, Brühe, Sojasauce, Zucker und Wein oder Sherry hinzugeben. Die Schweinebällchen wieder in die Pfanne geben, zum Kochen bringen und bei schwacher Hitze 20 Minuten garen, bis sie weich sind.

Gebratene Schweinekoteletts

für 4

4 Schweinekoteletts
75 ml/5 Esslöffel Sojasauce
Frittieröl
100 g Sellerie
3 Frühlingszwiebeln (Schalotten), gehackt
1 Scheibe Ingwerwurzel, gehackt
15 ml/1 EL Reiswein oder trockener Sherry
120ml / 4oz / ½ Tasse Hühnerbrühe
Salz und frisch gemahlener Pfeffer
5 ml/1 Teelöffel Sesamöl

Schweinekoteletts in Sojasauce eintauchen, bis sie gut bedeckt sind. Das Öl erhitzen und die Koteletts goldbraun braten. Herausnehmen und gut abtropfen lassen. Legen Sie den Sellerie auf den Boden einer flachen ofenfesten Form. Mit

Frühlingszwiebeln und Ingwer bestreuen und die Schweinekoteletts darauf legen. Mit Wein oder Sherry und Brühe aufgießen, salzen und pfeffern. Mit Sesamöl beträufeln. Im auf 200 °C/400 °C/Gas Stufe 6 vorgeheizten Backofen 15 Minuten backen.

Gewürztes Schweinefleisch

für 4
1 Gurke, gewürfelt
Salz-
450 g mageres Schweinefleisch, gewürfelt
5 ml/1 Teelöffel Salz
45 ml/3 Esslöffel Sojasauce
30 ml/2 EL Reiswein oder trockener Sherry
30 ml/2 EL Maismehl (Maismehl)
15 ml/1 Esslöffel brauner Zucker
60 ml/4 EL Erdnussöl (Erdnussöl)
1 Scheibe Ingwerwurzel, gehackt
1 Knoblauchzehe, gehackt
1 rote Chili, entkernt und gehackt
60 ml/4 EL Hühnerbrühe

Die Gurke mit Salz bestreuen und beiseite stellen. Schweinefleisch, Salz, 15 ml/1 EL Sojasauce, 15 ml/1 EL Wein oder Sherry, 15 ml/1 EL Maismehl, braunen Zucker und 15 ml/1 EL Öl mischen. 30 Minuten stehen lassen, dann das Fleisch aus der Marinade nehmen. Das restliche Öl erhitzen und das Schweinefleisch darin anbraten, bis es leicht gebräunt ist. Ingwer, Knoblauch und Chili zugeben und 2 Minuten braten. Gurke zugeben und 2 Minuten braten. Für die Marinade Brühe und restliche Sojasauce, Wein oder Sherry und Speisestärke verrühren. Diese in die Pfanne geben und unter Rühren zum Kochen bringen. Unter Rühren köcheln lassen, bis die Sauce klar und dickflüssig wird, und weiter kochen, bis das Fleisch zart ist.

Glatte Schweinescheiben

für 4

225 g mageres Schweinefleisch, in Scheiben geschnitten
2 Eiweiß
15 ml/1 Esslöffel Maismehl
45 ml/3 EL Erdnussöl (Erdnussöl)
50 g Bambussprossen, in Scheiben geschnitten
6 Frühlingszwiebeln (Schalotten), gehackt
2,5 ml/½ Teelöffel Salz
15 ml/1 EL Reiswein oder trockener Sherry
150 ml / ¼ pt / eine großzügige ½ Tasse Hühnerbrühe

Mischen Sie das Schweinefleisch mit dem Eiweiß und dem Maismehl, bis es gut bedeckt ist. Das Öl erhitzen und das Schweinefleisch anbraten, bis es leicht gebräunt ist, dann aus der Pfanne nehmen. Bambussprossen und Frühlingszwiebeln zugeben und 2 Minuten braten. Das Schweinefleisch mit Salz, Wein oder Sherry und Hühnerbrühe in die Pfanne geben. Zum Kochen bringen und unter Rühren 4 Minuten kochen, bis das Schweinefleisch zart ist.

Schweinefleisch mit Spinat und Karotten

für 4

225 g mageres Schweinefleisch
2 Karotten, in Streifen geschnitten
225 g Spinat
45 ml/3 EL Erdnussöl (Erdnussöl)
1 Frühlingszwiebel (Schalotte), fein gehackt
15 ml/1 Esslöffel Sojasauce
2,5 ml/½ Teelöffel Salz
10 ml/2 Teelöffel Maismehl
30 ml/2 Esslöffel Wasser

Das Schweinefleisch auf das Korn in dünne Scheiben schneiden, dann in Streifen schneiden. Karotten etwa 3 Minuten garen, dann abgießen. Blattspinat halbieren. Das Öl erhitzen und die Frühlingszwiebeln glasig dünsten. Fügen Sie das Schweinefleisch hinzu und braten Sie es leicht an, bis es leicht gebräunt ist. Karotten und Sojasauce zugeben und 1 Minute braten. Salz und Spinat hinzugeben und etwa 30 Sekunden garen, bis sie weich sind. Maismehl und Wasser zu einer Paste verrühren, mit der Sauce verrühren und klar braten, dann sofort servieren.

Gedämpftes Schweinefleisch

für 4

450 g mageres Schweinefleisch, gewürfelt
120ml/4oz/½ Tasse Sojasauce
120 ml Reiswein oder trockener Sherry
15 ml/1 Esslöffel brauner Zucker

Alle Zutaten vermischen und in eine hitzebeständige Schüssel geben. Auf einem Rost über kochendem Wasser ca. 1½ Stunden dünsten, bis sie weich sind.

Gebratenes Schweinefleisch

für 4

25 g getrocknete chinesische Pilze
15 ml/1 EL Erdnussöl (Erdnussöl)
450 g mageres Schweinefleisch in Scheiben geschnitten
1 grüne Paprika, gewürfelt
15 ml/1 Esslöffel Sojasauce
15 ml/1 EL Reiswein oder trockener Sherry
5 ml/1 Teelöffel Salz
5 ml/1 Teelöffel Sesamöl

Die Pilze 30 Minuten in warmem Wasser einweichen, dann abgießen. Entsorgen Sie die Stiele und schneiden Sie die Kappen ab. Das Öl erhitzen und das Schweinefleisch anbraten, bis es leicht gebräunt ist. Paprika zugeben und 1 Minute braten. Pilze, Sojasauce, Wein oder Sherry hinzugeben, salzen und einige Minuten kochen, bis das Fleisch zart ist. Vor dem Servieren mit Sesamöl mischen.

Schweinefleisch mit Süßkartoffeln

für 4

Frittieröl
2 große Süßkartoffeln, in Scheiben geschnitten
30 ml/2 EL Erdnussöl (Erdnussöl)
1 Scheibe Ingwerwurzel, in Scheiben geschnitten
1 Zwiebel, in Scheiben geschnitten
450 g mageres Schweinefleisch, gewürfelt
15 ml/1 Esslöffel Sojasauce
2,5 ml/½ Teelöffel Salz
frisch gemahlener Pfeffer
250 ml / 1 Tasse Hühnerbrühe
30 ml/2 EL Currypulver

Das Öl erhitzen und die Süßkartoffeln goldbraun braten. Aus der Pfanne nehmen und gut abtropfen lassen. Das Erdnussöl (Erdnussöl) erhitzen und den Ingwer und die Zwiebel anbraten, bis sie leicht gebräunt sind. Fügen Sie das Schweinefleisch hinzu und braten Sie es leicht an, bis es leicht gebräunt ist. Sojasauce, Salz und eine Prise Pfeffer zugeben, Brühe und Curry einrühren, aufkochen und 1 Minute unter Rühren köcheln lassen. Fügen Sie die Kartoffelpuffer hinzu, decken Sie sie ab und lassen Sie sie 30 Minuten lang köcheln, oder bis das Schweinefleisch zart ist.

Schweinefleisch süß-sauer

für 4

450 g mageres Schweinefleisch, gewürfelt
15 ml/1 EL Reiswein oder trockener Sherry
15 ml/1 EL Erdnussöl (Erdnussöl)
5 ml/1 Teelöffel Currypulver
1 Ei, geschlagen
Salz-
100 g Maisstärke (Maisstärke)
Frittieröl
1 Knoblauchzehe, zerdrückt
75 g/½ Tasse Zucker
50 g Ketschup (Katsupu)
5 ml/1 Teelöffel Weinessig
5 ml/1 Teelöffel Sesamöl

Das Schweinefleisch mit Wein oder Sherry, Öl, Currypulver, Ei und einer Prise Salz mischen. Rühren Sie das Maismehl ein, bis das Schweinefleisch mit dem Teig bedeckt ist. Räucheröl erhitzen, dann die Schweinefleischwürfel ein paar Mal hinzugeben. 3 Minuten braten, abgießen und beiseite stellen. Öl erhitzen und die Würfel nochmals ca. 2 Minuten braten. Herausnehmen und abseihen. Knoblauch, Zucker, Tomatenketchup und Essig erhitzen und umrühren, bis sich der Zucker aufgelöst hat. Zum Kochen bringen, dann die Schweinefleischwürfel hinzugeben und gut vermischen. Sesamöl hinzufügen und servieren.

Herzhaftes Schweinefleisch

für 4

30 ml/2 EL Erdnussöl (Erdnussöl)
450 g mageres Schweinefleisch, gewürfelt
3 Frühlingszwiebeln (Schalotten), in Scheiben geschnitten
2 Knoblauchzehen, zerdrückt
1 Scheibe Ingwerwurzel, gehackt
250ml / 8oz / 1 Tasse Sojasauce
30 ml/2 EL Reiswein oder trockener Sherry
30 ml/2 EL brauner Zucker
5 ml/1 Teelöffel Salz
600 ml/1 Punkt/2½ Tassen Wasser

Das Öl erhitzen und das Schweinefleisch goldbraun braten. Überschüssiges Öl abgießen, Frühlingszwiebeln, Knoblauch und Ingwer dazugeben und 2 Minuten garen. Sojasauce, Wein oder Sherry, Zucker und Salz hinzugeben und gut vermischen. Wasser hinzufügen, zum Kochen bringen, abdecken und 1 Stunde kochen lassen.

Schweinefleisch mit Tofu

für 4

450 g mageres Schweinefleisch
45 ml/3 EL Erdnussöl (Erdnussöl)
1 Zwiebel, in Scheiben geschnitten
1 Knoblauchzehe, zerdrückt
225 g gewürfelter Tofu
375 ml / 13 fl oz / 1½ Tassen Hühnerbrühe
15 ml/1 Esslöffel brauner Zucker
60 ml/4 Esslöffel Sojasauce
2,5 ml/½ Teelöffel Salz

Das Schweinefleisch in einen Topf geben und mit Wasser aufgießen. Zum Kochen bringen und dann 5 Minuten köcheln lassen. Abtropfen lassen und abkühlen, dann in Würfel schneiden.

Das Öl erhitzen und die Zwiebel und den Knoblauch anbraten, bis sie leicht gebräunt sind. Schweinefleisch hinzufügen und braten, bis es leicht gebräunt ist. Tofu hinzufügen und vorsichtig mischen, bis es mit Öl überzogen ist. Brühe, Zucker, Sojasauce und Salz zugeben, aufkochen und zugedeckt etwa 40 Minuten köcheln lassen, bis das Schweinefleisch zart ist.

Weich gebratenes Schweinefleisch

für 4

225 g Schweinefilet, gewürfelt
1 Eiweiß
30 ml/2 EL Reiswein oder trockener Sherry
Salz-
225 g Maisstärke (Maisstärke)
Frittieröl

Das Schweinefleisch mit Eiweiß, Wein oder Sherry und einer Prise Salz verrühren. Fügen Sie nach und nach genug Maisstärke hinzu, um einen dicken Teig zu bilden. Das Öl erhitzen und das Schweinefleisch goldbraun und außen knusprig und innen weich braten.

Doppelt gekochtes Schweinefleisch

für 4

225 g mageres Schweinefleisch
45 ml/3 EL Erdnussöl (Erdnussöl)
2 grüne Paprika, in Stücke geschnitten
2 Knoblauchzehen, gehackt
2 Frühlingszwiebeln (Schalotten), in Scheiben geschnitten
15 ml/1 Esslöffel scharfe Bohnensauce
15 ml/1 EL Hühnerbrühe
5 ml/1 Teelöffel Zucker

Die Schweinelende in einen Topf geben, mit Wasser bedecken, zum Kochen bringen und 20 Minuten garen, bis sie weich ist. Herausnehmen und abseihen, dann abkühlen. dünn schneiden.

Das Öl erhitzen und das Schweinefleisch anbraten, bis es leicht gebräunt ist. Paprika, Knoblauch und Frühlingszwiebel zugeben und 2 Minuten braten. Aus der Pfanne nehmen. Bohnensoße, Brühe und Zucker in die Pfanne geben und unter Rühren 2 Minuten kochen. Legen Sie das Schweinefleisch und die Paprika und braten Sie, bis sie durchgewärmt sind. Sofort servieren.

Schweinefleisch mit Gemüse

für 4

2 Knoblauchzehen, zerdrückt
5 ml/1 Teelöffel Salz
2,5 ml/½ Teelöffel frisch gemahlener Pfeffer
30 ml/2 EL Erdnussöl (Erdnussöl)
30 ml/2 Esslöffel Sojasauce
225 g Brokkoliröschen
200 g Blumenkohlröschen
1 rote Paprika, gewürfelt
1 Zwiebel, gehackt
2 Orangen, geschält und gewürfelt
1 Stück Ingwerstange, gehackt
30 ml/2 EL Maismehl (Maismehl)
300 ml/½ pt/1 ¼ Tasse Wasser
20 ml/2 Esslöffel Weinessig
15 ml/1 Esslöffel Honig
eine Prise gemahlener Ingwer
2,5 ml/½ Teelöffel Kreuzkümmel

Knoblauch, Salz und Pfeffer in das Fleisch einreiben. Das Öl erhitzen und das Fleisch anbraten, bis es leicht gebräunt ist.

Aus der Pfanne nehmen. Sojasauce und Gemüse in die Pfanne geben und braten, bis sie weich, aber noch knusprig sind. Orangen und Ingwer zugeben. Maisstärke und Wasser verrühren und in der Pfanne mit Weinessig, Honig, Ingwer und Kreuzkümmel vermischen. Zum Kochen bringen und unter Rühren 2 Minuten köcheln lassen. Legen Sie das Schweinefleisch in die Pfanne und erhitzen Sie es vor dem Servieren.

Schweinefleisch mit Nüssen

für 4

50 Gramm Walnüsse
225 g mageres Schweinefleisch, in Streifen geschnitten
30 ml/2 EL einfaches (Allzweck-)Mehl
30 ml/2 EL brauner Zucker
30 ml/2 Esslöffel Sojasauce
Frittieröl
15 ml/1 EL Erdnussöl (Erdnussöl)

Die Nüsse 2 Minuten in kochendem Wasser blanchieren, dann abgießen. Schweinefleisch mit Mehl, Zucker und 15 ml/1 EL Sojasauce gut vermischen. Das Öl erhitzen und das Schweinefleisch knusprig und goldbraun braten. Auf Küchenpapier abtropfen lassen. Das Erdnussöl (Erdnussöl) erhitzen und die Walnüsse goldbraun braten. Das Schweinefleisch in die Pfanne geben, mit der restlichen Sojasauce beträufeln und unter Rühren kochen, bis es heiß ist.

Schweinefleisch Bonbons

für 4

450 g Schweinehack (
1 Frühlingszwiebel (Schalotte), gehackt
225 g gehacktes Mischgemüse
30 ml/2 Esslöffel Sojasauce
5 ml/1 Teelöffel Salz
40 Wonton Felle
Frittieröl

Die Pfanne erhitzen und das Schweinefleisch und die Schalotten anbraten, bis sie leicht gebräunt sind. Vom Herd nehmen und Gemüse, Sojasauce und Salz mischen.

Um den Wan-Tan zu falten, halte die Haut in deiner linken Hand und schöpfe etwas von der Füllung in die Mitte. Die Ränder mit dem Ei befeuchten und den Teig zu einem Dreieck falten, dabei die Ränder verschließen. Die Ecken mit dem Ei befeuchten und zusammendrehen.

Öl erhitzen und Wan-Tan nach und nach goldbraun braten. Vor dem Servieren gut abseihen.

Schweinefleisch mit Wasserkastanien

für 4

45 ml/3 EL Erdnussöl (Erdnussöl)
1 Knoblauchzehe, zerdrückt
1 Frühlingszwiebel (Schalotte), gehackt
1 Scheibe Ingwerwurzel, gehackt
225 g mageres Schweinefleisch, in Streifen geschnitten
100 g Wasserkastanien, in dünne Scheiben geschnitten
45 ml/3 Esslöffel Sojasauce
15 ml/1 EL Reiswein oder trockener Sherry
5 ml/1 Teelöffel Maismehl

Öl erhitzen und Knoblauch, Schnittlauch und Ingwer anbraten, bis sie leicht gebräunt sind. Fügen Sie das Schweinefleisch hinzu und braten Sie es 10 Minuten lang, bis es goldbraun ist. Wasserkastanien dazugeben und 3 Minuten braten. Die restlichen Zutaten zugeben und 3 Minuten braten.

Wan Tans mit Schweinefleisch und Garnelen

für 4

225 g gehacktes (gehacktes) Schweinefleisch

2 Frühlingszwiebeln (Schalotten), gehackt

100 g gehacktes Mischgemüse

100 g gehackte Champignons

225 g geschälte Garnelen, gehackt

15 ml/1 Esslöffel Sojasauce

2,5 ml/½ Teelöffel Salz

40 Wonton Felle

Frittieröl

Die Pfanne erhitzen und das Schweinefleisch und die Schalotten anbraten, bis sie leicht gebräunt sind. Fügen Sie die restlichen Zutaten hinzu.

Um den Wan-Tan zu falten, halte die Haut in deiner linken Hand und schöpfe etwas von der Füllung in die Mitte. Die Ränder mit dem Ei befeuchten und den Teig zu einem Dreieck falten, dabei die Ränder verschließen. Die Ecken mit dem Ei befeuchten und zusammendrehen.

Öl erhitzen und Wan-Tan nach und nach goldbraun braten. Vor dem Servieren gut abseihen.

Gedämpfte Fleischbällchen

für 4

2 Knoblauchzehen, zerdrückt
2,5 ml/½ Teelöffel Salz
450 g Schweinehack (
1 Zwiebel, gehackt
1 rote Paprika, gehackt
1 grüne Paprika, gehackt
2 Stängel Ingwer, gehackt
5 ml/1 Teelöffel Currypulver
5 ml/1 Teelöffel Paprika
1 Ei, geschlagen
45 ml/3 Esslöffel Maismehl
50 g Rundkornreis
Salz und frisch gemahlener Pfeffer
60 ml/4 EL gehackter Schnittlauch

Knoblauch, Salz, Schweinefleisch, Zwiebel, Paprika, Ingwer, Currypulver und Paprika mischen. Schlagen Sie das Ei zusammen mit der Maisstärke und dem Reis in die Mischung. Mit Salz und Pfeffer würzen, dann Schnittlauch dazugeben. Mit nassen Händen aus dem Teig kleine Kugeln formen.

Legen Sie sie in den Dampfeinsatz, decken Sie sie ab und kochen Sie sie 20 Minuten lang über leicht kochendem Wasser, bis sie weich sind.

Rippchen mit schwarzer Bohnensauce

für 4

900 g Schweinerippchen

2 Knoblauchzehen, zerdrückt

2 Frühlingszwiebeln (Schalotten), gehackt

30 ml/2 EL schwarze Bohnensauce

30 ml/2 EL Reiswein oder trockener Sherry

15 ml/1 Esslöffel Wasser

30 ml/2 Esslöffel Sojasauce

15 ml/1 Esslöffel Maismehl

5 ml/1 Teelöffel Zucker

120 ml/4 fl oz Tasse Wasser

30 ml/2 Esslöffel Öl

2,5 ml/½ Teelöffel Salz

120ml / 4oz / ½ Tasse Hühnerbrühe

Die Rippen in 2,5 cm/1 Stück schneiden. Knoblauch, Frühlingszwiebeln, schwarze Bohnensauce, Wein oder Sherry, Wasser und 15 ml/1 EL Sojasauce mischen. Restliche Sojasauce mit Maisstärke, Zucker und Wasser verrühren. Öl und Salz erhitzen und die Rippchen goldbraun braten. Lassen Sie das Öl ab. Die Knoblauchmischung dazugeben und 2

Minuten braten. Brühe zugeben, zum Kochen bringen, abdecken und 4 Minuten kochen lassen. Die Maisstärkemischung hinzufügen und unter Rühren kochen, bis die Sauce klar und eingedickt ist.

Gegrillte Rippchen

für 4

3 Knoblauchzehen, zerdrückt
75 ml/5 Esslöffel Sojasauce
60 ml/4 Esslöffel Hoisin-Sauce
60 ml/4 EL Reiswein oder trockener Sherry
45 ml/3 Esslöffel brauner Zucker
30 ml/2 EL Tomatenmark (Paste)
900 g Schweinerippchen
15 ml/1 Esslöffel Honig

Knoblauch, Sojasauce, Hoisinsauce, Wein oder Sherry, braunen Zucker und Tomatenmark mischen, über die Rippchen gießen, zudecken und über Nacht marinieren lassen.

Die Rippchen abtropfen lassen und in einem Bräter mit etwas Wasser auf den Grill legen. Im vorgeheizten Backofen bei 180°C/350°F/Gas 4 45 Minuten backen, gelegentlich mit der Marinade begießen und 30 ml/2 EL der Marinade zurückbehalten. Die beiseite gestellte Marinade mit Honig mischen und die Rippchen damit bestreichen. 10 Minuten grillen oder unter einem heißen Grill grillen.

Gegrillte Ahornrippen

für 4

900 g Schweinerippchen
60 ml/4 Esslöffel Ahornsirup
5 ml/1 Teelöffel Salz
5 ml/1 Teelöffel Zucker
45 ml/3 Esslöffel Sojasauce
15 ml/1 EL Reiswein oder trockener Sherry
1 Knoblauchzehe, zerdrückt

Die Rippchen in 5 cm/2 Stücke schneiden und in eine Schüssel geben. Mischen Sie alle Zutaten, fügen Sie die Rippchen hinzu und mischen Sie alles gut. Abdecken und über Nacht marinieren lassen. Bei mittlerer Hitze 30 Minuten dünsten oder braten.

Gebratene Rippchen

für 4

900 g Schweinerippchen

120 ml / 4 fl oz / ½ Tasse Ketchup (Katsupu)

120 ml Weinessig

60 ml/4 EL Mango-Chutney

45 ml/3 EL Reiswein oder trockener Sherry

2 Knoblauchzehen, gehackt

5 ml/1 Teelöffel Salz

45 ml/3 Esslöffel Sojasauce

30 ml/2 Esslöffel Honig

15 ml/1 Esslöffel mildes Currypulver

15 ml/1 Esslöffel Paprika

Frittieröl

60 ml/4 EL gehackter Schnittlauch

Die Rippchen in eine Schüssel geben. Alle Zutaten bis auf das Öl und den Schnittlauch mischen, über die Rippchen giessen, abdecken und mindestens 1 Stunde ziehen lassen. Das Öl erhitzen und die Rippchen knusprig braten. Mit Schnittlauch bestreut servieren.

Rippchen mit Lauch

für 4

450 g Schweinerippchen
Frittieröl
250ml / 8oz / 1 Tasse Brühe
30 ml/2 Esslöffel Ketchup (Katsupu)
2,5 ml/½ Teelöffel Salz
2,5 ml/½ Teelöffel Zucker
2 Lauch, in Stücke geschnitten
6 Frühlingszwiebel(n), in Stücke geschnitten
50 g Brokkoliröschen
5 ml/1 Teelöffel Sesamöl

Die Rippchen in 5 cm große Stücke schneiden. Das Öl erhitzen und die Rippchen braten, bis sie zu bräunen beginnen. Aus der Pfanne nehmen und alles außer 30 ml/2 EL Öl abtropfen lassen. Brühe, Ketchup, Salz und Zucker hinzugeben, zum Kochen bringen und 1 Minute kochen lassen. Die Rippchen wieder in die Pfanne geben und etwa 20 Minuten garen, bis sie weich sind.

In der Zwischenzeit weitere 30 ml/2 EL Öl erhitzen und Lauch, Frühlingszwiebeln und Brokkoli ca. 5 Minuten anschwitzen. Mit Sesamöl beträufeln und auf eine vorgewärmte Platte legen. Die Rippchen und die Sauce in die Mitte legen und servieren.

Rippen mit Pilzen

Für 4-6

6 getrocknete chinesische Pilze

900 g Schweinerippchen

2 Nelken Sternanis

45 ml/3 Esslöffel Sojasauce

5 ml/1 Teelöffel Salz

15 ml/1 Esslöffel Maismehl

Die Pilze 30 Minuten in warmem Wasser einweichen, dann abgießen. Entsorgen Sie die Stiele und schneiden Sie die Kappen ab. Die Rippchen in 5 cm/2 Stücke schneiden. Wasser in einem Topf aufkochen, Rippchen hinzugeben und 15 Minuten köcheln lassen. Gut abtropfen lassen. Die Rippchen in die Pfanne geben und mit kaltem Wasser bedecken. Pilze, Sternanis, Sojasauce und Salz zugeben. Zum Kochen bringen, abdecken und etwa 45 Minuten köcheln lassen, bis das Fleisch zart ist. Maisstärke mit etwas kaltem Wasser verrühren, in die Pfanne rühren und unter Rühren kochen, bis die Sauce klar und eingedickt ist.

Rippchen mit Orange

für 4

900 g Schweinerippchen

5 ml/1 Teelöffel geriebener Käse

5 ml/1 Teelöffel Maismehl

45 ml/3 EL Reiswein oder trockener Sherry

Salz-

Frittieröl

15 ml/1 Esslöffel Wasser

2,5 ml/½ Teelöffel Zucker

15 ml/1 Esslöffel Tomatenmark (Paste)

2,5 ml/½ Teelöffel Chilisauce

abgeriebene Schale von 1 Orange

1 Orange, in Scheiben geschnitten

Die Rippchen in Stücke schneiden und mit dem Käse, dem Maismehl, 5 ml/1 TL Wein oder Sherry und einer Prise Salz mischen. 30 Minuten marinieren lassen. Öl erhitzen und die Rippchen etwa 3 Minuten goldbraun braten. 15 ml/1 EL Öl in einem Wok erhitzen, Wasser, Zucker, Tomatenpüree, Chilisauce, Orangenschale und den restlichen Wein oder

Sherry hinzugeben und bei schwacher Hitze 2 Minuten rühren. Fügen Sie Schweinefleisch hinzu und rühren Sie um, bis es gut bedeckt ist. Auf einen vorgewärmten Teller geben und mit Orangenscheiben garniert servieren.

Ananasrippen

für 4

900 g Schweinerippchen

600 ml/1 Punkt/2½ Tassen Wasser

30 ml/2 EL Erdnussöl (Erdnussöl)

2 Knoblauchzehen, fein gehackt

200 g Ananasstücke aus der Dose in Fruchtsaft

120ml / 4oz / ½ Tasse Hühnerbrühe

60 ml/4 Esslöffel Weinessig

50 g / ¼ Tasse brauner Zucker

15 ml/1 Esslöffel Sojasauce

15 ml/1 Esslöffel Maismehl

3 Frühlingszwiebeln (Schalotten), gehackt

Schweinefleisch und Wasser in die Pfanne geben, zum Kochen bringen, abdecken und 20 Minuten köcheln lassen. Gut abtropfen lassen.

Das Öl erhitzen und den Knoblauch anbraten, bis er leicht gebräunt ist. Die Rippchen dazugeben und braten, bis sie gut mit Öl bedeckt sind. Die Ananasstücke abtropfen lassen und 120 ml Saft mit Brühe, Essig, Zucker und Sojasauce in die

Pfanne geben. Zum Kochen bringen, abdecken und 10 Minuten köcheln lassen. Abgetropfte Ananas zugeben. Das Maismehl mit etwas Wasser verrühren, in die Sauce rühren und bei schwacher Hitze kochen, bis die Sauce klar und eingedickt ist. Mit Rauch bestreut servieren.

Knusprige Spareribs mit Garnelen

für 4

900 g Schweinerippchen
450 g geschälte Garnelen
5 ml/1 Teelöffel Zucker
Salz und frisch gemahlener Pfeffer
30 ml/2 EL einfaches (Allzweck-)Mehl
1 Ei, leicht geschlagen
100 Gramm Semmelbrösel
Frittieröl

Die Rippchen in 5 cm große Stücke schneiden. Einen Teil des Fleisches abschneiden und mit Garnelen, Zucker, Salz und Pfeffer mahlen. Mischen Sie das Mehl und genug Eier, um die Masse klebrig zu machen. Die Rippchen andrücken und mit Semmelbröseln bestreuen. Das Öl erhitzen und die Rippchen braten, bis sie an die Oberfläche kommen. Gut abtropfen lassen und heiß servieren.

Rippchen mit Reiswein

für 4

900 g Schweinerippchen

450 ml/¾pt/2 Gläser Wasser

60 ml/4 Esslöffel Sojasauce

5 ml/1 Teelöffel Salz

30 ml/2 Esslöffel Reiswein

5 ml/1 Teelöffel Zucker

Die Rippen in 2,5 cm/1 Stück schneiden. Mit Wasser, Sojasauce und Salz in einen Topf geben, zum Kochen bringen, abdecken und 1 Stunde kochen lassen. Gut abtropfen lassen. Erhitzen Sie die Pfanne und fügen Sie die Rippchen, den Reiswein und den Zucker hinzu. Bei starker Hitze rühren, bis die Flüssigkeit verdunstet ist.

Rippchen mit Sesam

für 4

900 g Schweinerippchen

1 Ei

30 ml/2 EL einfaches (Allzweck-)Mehl

5 ml/1 Teelöffel Kartoffelmehl

45 ml/3 Esslöffel Wasser

Frittieröl

30 ml/2 EL Erdnussöl (Erdnussöl)

30 ml/2 Esslöffel Ketchup (Katsupu)

30 ml/2 EL brauner Zucker

10 ml/2 Teelöffel Weinessig

45 ml/3 Esslöffel Sesam

4 Salatblätter

Die Rippchen in 10 cm/4 Stücke schneiden und in eine Schüssel geben. Ei mit Mehl, Kartoffelmehl und Wasser verrühren, mit den Rippchen mischen und 4 Stunden ziehen lassen.

Das Öl erhitzen und die Rippchen goldbraun braten, dann herausnehmen und abtropfen lassen. Öl erhitzen und Tomatenketchup, braunen Zucker und Essig einige Minuten anbraten. Die Rippchen hinzufügen und unter Rühren garen, bis sie vollständig bedeckt sind. Mit Sesam bestreuen und 1 Minute braten. Die Salatblätter auf der vorgewärmten Servierplatte anrichten, die Rippchen darauf legen und servieren.

Rippchen süß-sauer

für 4

900 g Schweinerippchen

600 ml/1 Punkt/2½ Tassen Wasser

30 ml/2 EL Erdnussöl (Erdnussöl)

2 Knoblauchzehen, zerdrückt

5 ml/1 Teelöffel Salz

100 Gramm brauner Zucker

75 ml/5 EL Hühnerbrühe

60 ml/4 Esslöffel Weinessig

100 g Ananasstücke aus der Dose in Sirup

15 ml/1 Esslöffel Tomatenmark (Paste)

15 ml/1 Esslöffel Sojasauce

15 ml/1 Esslöffel Maismehl

30 ml/2 EL Kokosraspeln

Schweinefleisch und Wasser in die Pfanne geben, zum Kochen bringen, abdecken und 20 Minuten köcheln lassen. Gut abtropfen lassen.

Das Öl erhitzen und die Rippchen mit Knoblauch und Salz anbraten, bis sie gebräunt sind. Zucker, Brühe und Essig zugeben und aufkochen. Ananas abtropfen lassen und 30 ml/2 EL des Sirups mit Tomatenmark, Sojasauce und Speisestärke in die Pfanne geben. Gut mischen und unter Rühren kochen, bis die Sauce klar und dickflüssig wird. Ananas hinzufügen, 3 Minuten kochen und mit Kokos bestreut servieren.

Gebratene Rippchen

für 4

900 g Schweinerippchen

1 Ei, geschlagen

5 ml/1 Teelöffel Sojasauce

5 ml/1 Teelöffel Salz

10 ml/2 Teelöffel Maismehl

10 ml/2 Teelöffel Zucker

60 ml/4 EL Erdnussöl (Erdnussöl)

250 ml / 1 Tasse Weinessig

250ml / 8oz / 1 Tasse Wasser

250ml/8oz/1 Tasse Reiswein oder trockener Sherry

Die Rippchen in eine Schüssel geben. Das Ei mit der Sojasauce, dem Salz, der Hälfte der Maisstärke und der Hälfte des Zuckers verrühren, zu den Rippchen geben und gut vermischen. Das Öl erhitzen und die Rippchen braten, bis sie gebräunt sind. Die restlichen Zutaten zugeben, aufkochen und köcheln lassen, bis die Flüssigkeit fast verdampft ist.

Rippchen mit Tomaten

für 4

900 g Schweinerippchen
75 ml/5 Esslöffel Sojasauce
30 ml/2 EL Reiswein oder trockener Sherry
2 Eier, geschlagen
45 ml/3 Esslöffel Maismehl
Frittieröl
45 ml/3 EL Erdnussöl (Erdnussöl)
1 Zwiebel in dünne Scheiben geschnitten
250 ml / 1 Tasse Hühnerbrühe
60 ml/4 Esslöffel Ketchup (Katsupu)
10 ml/2 Teelöffel brauner Zucker

Die Rippen in 2,5 cm/1 Stück schneiden. Mit 60 ml/4 EL Sojasauce und Wein oder Sherry mischen und unter gelegentlichem Rühren 1 Stunde marinieren lassen. Abgießen, Marinade wegwerfen. Die Rippchen mit dem Ei und dann mit dem Maismehl bestreichen. Das Öl erhitzen und die Rippchen goldbraun braten. Gut abtropfen lassen. Das Erdnussöl (Erdnussöl) erhitzen und die Zwiebel glasig dünsten. Brühe, restliche Sojasauce, Ketchup und braunen Zucker hinzugeben und unter Rühren 1 Minute kochen. Die Rippchen hinzufügen und 10 Minuten garen.

Schweinebraten gegrillt

Für 4-6

1,25 kg Schweineschulter ohne Knochen
2 Knoblauchzehen, zerdrückt
2 Frühlingszwiebeln (Schalotten), gehackt
250ml / 8oz / 1 Tasse Sojasauce
120 ml Reiswein oder trockener Sherry
100 Gramm brauner Zucker
5 ml/1 Teelöffel Salz

Das Schweinefleisch in eine Schüssel geben. Die restlichen Zutaten mischen, das Schweinefleisch gießen, abdecken und 3 Stunden marinieren lassen. Schweinefleisch und Marinade in einen Bräter geben und im vorgeheizten Backofen bei 200°C/Gas Stufe 6 10 Minuten backen. Hitze 1¾ Stunden lang auf 160°C/325°F/Gas Stufe 3 reduzieren, bis das Schweinefleisch weich ist.

Kaltes Schweinefleisch mit Senf

für 4

1 kg gebratenes Schweinefleisch ohne Knochen
250ml / 8oz / 1 Tasse Sojasauce
120 ml Reiswein oder trockener Sherry
100 Gramm brauner Zucker
3 Frühlingszwiebeln (Schalotten), gehackt
5 ml/1 Teelöffel Salz
30 ml/2 Esslöffel Senfpulver

Das Schweinefleisch in eine Schüssel geben. Alle anderen Zutaten außer Senf mischen und über das Schweinefleisch gießen. Mindestens 2 Stunden marinieren lassen, dabei häufig begießen. Den Bräter mit Alufolie auslegen und das Schweinefleisch auf dem Grill in die Form legen. Im Ofen bei 200°C/400°F/Gas 6 10 Minuten backen, dann die Temperatur auf 160°C/325°F/Gas 3 weitere 1¾ Stunden reduzieren, bis das Schweinefleisch zart ist. Kühlen Sie dann im Kühlschrank. Sehr dünn schneiden. Senfpulver mit ausreichend Wasser zu einer cremigen Paste verrühren, die zu Schweinefleisch serviert wird.

Chinesischer Schweinebraten

für 6

1,25 kg Schweinebraten in dicke Scheiben geschnitten

2 Knoblauchzehen, fein gehackt

30 ml/2 EL Reiswein oder trockener Sherry

15 ml/1 Esslöffel brauner Zucker

15 ml/1 Esslöffel Honig

90 ml/6 Esslöffel Sojasauce

2,5 ml/½ Teelöffel Fünf-Gewürze-Pulver

Legen Sie das Schweinefleisch in eine flache Schüssel. Restliche Zutaten mischen, über das Schweinefleisch gießen, zugedeckt über Nacht im Kühlschrank marinieren, gelegentlich wenden und begießen.

Das Schweineschnitzel auf dem Rost in einen Bräter mit wenig Wasser legen und gut mit der Marinade bestreichen. Im vorgeheizten Ofen bei 180°C/350°F/Gasstufe 5 für ca. 1 Stunde backen, dabei gelegentlich begießen, bis das Schweinefleisch gar ist.

Schweinefleisch mit Spinat

6-8 Portionen

30 ml/2 EL Erdnussöl (Erdnussöl)

1,25 kg Schweinefilet

250 ml / 1 Tasse Hühnerbrühe

15 ml/1 Esslöffel brauner Zucker

60 ml/4 Esslöffel Sojasauce

900 g Spinat

Das Öl erhitzen und das Schweinefleisch von allen Seiten anbraten. Das meiste Fett abgießen. Bouillon, Zucker und Sojasauce zugeben, aufkochen, abdecken und ca. 2 Stunden köcheln lassen, bis das Schweinefleisch gar ist. Das Fleisch aus der Pfanne nehmen und abkühlen lassen, dann in Scheiben schneiden. Den Spinat in die Pfanne geben und unter leichtem Rühren kochen, bis er weich ist. Den Spinat abtropfen lassen und auf einen vorgewärmten Teller geben. Mit Schweinefilets garnieren und servieren.

Gebratene Schweinefleischbällchen

für 4

450 g Schweinehack (
1 Scheibe Ingwerwurzel, gehackt
15 ml/1 Esslöffel Maismehl
15 ml/1 Esslöffel Wasser
2,5 ml/½ Teelöffel Salz
10 ml/2 Teelöffel Sojasauce
Frittieröl

Schweinefleisch und Ingwer mischen. Maismehl, Wasser, Salz und Sojasauce mischen, dann die Mischung mit dem Schweinefleisch mischen und gut mischen. Kugeln in der Größe einer Walnuss formen. Das Öl erhitzen und die Schweinebällchen braten, bis sie an die Oberfläche des Öls steigen. Aus dem Öl nehmen und erhitzen. Das Schweinefleisch in die Pfanne geben und 1 Minute braten. Gut abtropfen lassen.

www.ingramcontent.com/pod-product-compliance
Lightning Source LLC
Chambersburg PA
CBHW071234080526
44587CB00013BA/1616